88
Festtagstorten
&
Sonntagskuchen

88 Festtags-Torten & Sonntags-Kuchen

Konditor-Rezepte zum Selbermachen

GONDROM

Lizenzausgabe für Gondrom Verlag GmbH, Bindlach 1998
© 1988, 1992 Walter Hädecke Verlag, 71256 Weil der Stadt
ISBN 3-8112-1662-7

Teil I

36 Festtags-Torten

ÜBER DEN AUTOR

Wer in Nürnberg Torten und feines Gebäck liebt, dem ist die im Herzen der Stadt liegende Confiserie Neef ein Begriff — geführt von Karl Neef und seiner Frau Ingrid.
Der gebürtige Nürnberger, Jahrgang '43, sammelte kulinarisch internationale Erfahrungen zu Wasser (Holland-Amerika-Linie) und zu Land (in der Schweiz und in Amsterdam) — also überall da, wo man mit Süßigkeiten, insbesondere Schokolade, besonders gut umzugehen weiß.
Heute gilt er als einer der ideenreichsten und kreativsten Konditoren in Deutschland. Seine Nürnberger Lebkuchen sind in aller Welt begehrt; das Gourmet-Magazin VIF nennt ihn den besten Lebkuchenbäcker im Lande und der »stern« den Star unter den Lebküchnern.
Karl Neef ist kein Geheimniskrämer. Wer ihn um Rat bittet, erfährt bereitwillig Tips und Tricks aus der Backstube, und so war es nur konsequent, daß der Konditormeister bald zum gefragten Autor von Backbüchern wurde.

Inhaltsverzeichnis

Teil I – 36 Festtagstorten

Die Grundrezepte
Biskuit 8
Löffelbiskuit 9
Sacher- und Sandmasse 9
Baisermasse 10
Grundrezept Sahne 11
Grundrezept Tränk-
   flüssigkeit 11
Grundrezept Buttercreme ... 12
Schokoladen-Mousse 13
Grundrezept Kuvertüre 14
Marzipanrosen 16

Die Torten
Campagner-Sahnetorte 20
Sachertorte 22
Obst-Charlotten-Torte 24
Punschtorte 26
Ananas-Sahnetorte 28
Mousse au Chocolat-Torte
   mit Erdbeeren 30
Mokka-Sahnetorte 32
Mango-Käse-Sahnetorte ... 34
Tutti-Frutti 36
Pfirsich-Cognac-Sahnetorte . 38
Schwarzwälder Kirschtorte .. 40
Wachauer Mohn-
   Sahnetorte 42
Sommerbeeren-Torte 44
Himbeer-Joghurt-
   Sahnetorte 46
Fürst Pückler-Eistorte 48
Eistorte »Grand Marnier« ... 50
Florentiner Torte 52
Apfel-Rum-Sahnetorte 54
Schokoladen-Sahnetorte
   mit Birnen 56
Preiselbeer-Sahnetorte 58
Fränkische Wein-
   cremetorte 60
Walnuß-Sahnetorte 62
Herbst-Blätter-Sahnetorte ... 62
Böhmische Nußtorte 66
Nougattorte 68
Orangentraum 70
Pralinentorte 72
Bananen-Schoko-
   ladentorte 74
Rum-Schokoladentorte 76
Williamstorte 78
Whiskytorte 80
Cointreautorte 82
Silvester-Torte 84
Herztorte 86
Gemüsegarten 89
Hochzeitstorte 92

Die Grundrezepte

Grundrezept Biskuit

Der Biskuitboden, auch Wiener Boden genannt, wird in der Konditorei am häufigsten verwendet. Die Herstellungsweise ist sehr einfach.

Die Grundzutaten Eier und Zucker in einen Schlagkessel geben und je nach Rezept Vanille, Zitrone und das Salz zugeben.

Den Kessel in ein Wasserbad setzen. Die Masse mit dem Schneebesen durch leichtes Schlagen auf Körpertemperatur bringen.

Aus dem Wasserbad nehmen und mit dem Handrührgerät weiterschlagen, bis die Masse kalt und locker ist.

Mit dem Kochlöffel das gesiebte Mehl unterheben. Für einen *Schokoladenboden* das Kakaopulver mit dem Mehl zusammensieben. Für einen *Nußboden* die geriebenen Haselnüsse und den Zimt unter das Mehl mischen.

Die warme aufgelöste Butter erst dann unterheben, wenn das Mehl sich völlig mit der Eiermasse verbunden hat; ansonsten können Mehlklümpchen entstehen.

In eine Springform oder einen Tortenring füllen.

Backzeit:

Ein Wiener Boden ist fertig gebacken, wenn er beim Betasten der Oberfläche leicht federt.
Die in den Rezepten angegebenen Backzeiten können je nach Backofenfabrikat um einige Minuten abweichen.

LÖFFELBISKUIT

Wie in den Rezepten angegeben, Eigelb und Zucker schaumig, Eiweiß mit Zucker zu Schnee schlagen. Danach das Mehl unterheben.
Diese Masse ist sehr zart und etwas empfindlich. Sie sollte deshalb möglichst rasch verarbeitet und gebacken werden. Sollte einmal die Masse, durch zu schwach geschlagenes Eiweiß, zum Aufspritzen zu weich sein, kann man sie in eine Springform füllen, glattstreichen oder auf das Backblech streichen und backen. Die Torte wird dadurch etwas abgeändert hergestellt.

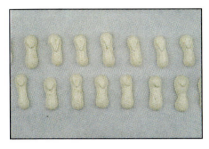

Mit einem Spritzbeutel, Lochtülle Nr. 8, aus der Biskuitmasse ca. 5 cm lange Löffelbiskuits auf ein mit Backtrennpapier belegtes Blech aufspritzen. Zart mit Puderzucker übersieben.

Löffelbiskuits eignen sich hervorragend als Boden für Eistorten.

SACHER- UND SANDMASSE

Beide Massen sind im Arbeitsablauf bei den Rezepten genau beschrieben. Sie sind problemlos und leicht nachzubacken. Bei den Backzeiten treten je nach Backofenfabrikat kleine Unterschiede auf.
Auch hier gilt der Grundsatz, den Tortenboden nach der angegebenen Backzeit kurz aus dem Ofen nehmen, mit der flachen Hand betasten; wenn der Boden federt, ist er fertig.

Mehl und Backpulver unter die schaumige Buttermasse rühren.

Der dunkle Sacherboden wird mit Zartbitter-Kuvertüre zubereitet. Der ausgekühlte Boden kann mit Konfitüre oder Creme bestrichen werden.

BAISERMASSE

Bei den in diesem Buch verwendeten Baiserböden, also dem herkömmlichen Baiserboden aus Eiweiß und Zucker, dem Nußbaiser-Boden, oder dem Schokoladenbaiser-Boden, gilt immer als Grundregel: Alle Geräte und Schüsseln müssen unbedingt fettfrei sein und sollten vor dem Benutzen kalt ausgespült werden.
Zunächst die Hälfte des Zuckers unter das Eiweiß geben, den restlichen Zucker erst, wenn der Schnee aufgeschlagen ist langsam einrieseln lassen, oder zum Schluß mit dem Kochlöffel unterheben, je nach Rezeptangabe.
Ein Baiserboden wird im Normalfall nur getrocknet, außer es ist in der Rezeptbeschreibung anders angegeben.
Trocknen bedeutet, den Backofen auf die angegebene Gradzahl zu erhitzen und dann abzuschalten. Die Ofentüre kurz offenstehen lassen, damit sich kein Dampf bildet und die Temperatur nicht weiter ansteigt.

Ist der Baiserboden im Ofen, die Türe mit einem Kochlöffel einen Spalt offenhalten und den Boden über Nacht trocknen lassen.

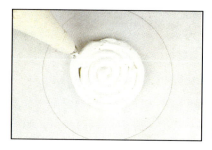

Baisermasse mit einem Spritzbeutel auf ein mit Backtrennpapier belegtes Backblech aufspritzen.

Der Schokoladen-Baiser-Boden wird mit geriebenen Haselnüssen und Kakaopulver zubereitet. Die Masse wird auf ein mit Backtrennpapier belegtes Blech aufgestrichen.

Grundrezept Sahne

Sahne (Schlagsahne) ist die beliebteste Füllung für Torten. Sie eignet sich für fast alle Geschmacksrichtungen und in Verbindung mit Früchten.

Die Sahne wird besonders locker, wenn der Zucker erst kurz vor dem Festwerden zugegeben wird.

Bei Zusatz von Gelatine ist zu beachten: in kaltem Wasser ca. 10 Minuten einweichen; dann in einer Kasserolle mit einigen Tropfen Wasser, auf der Feuerstelle, auflösen. Dadurch wird die Gelatine dünnflüssig und läßt sich problemlos unter die Sahne rühren.

Wird der Torte Alkohol zugesetzt, so muß die eingeweichte Gelatine fest ausgedrückt werden. Dann in einer Kasserolle mit dem Alkohol auf der Feuerstelle nur so stark erhitzen, bis die Gelatine aufgelöst ist.

Soll eine Torte völlig ohne Alkohol hergestellt werden, kann die angegebene Menge durch einen zur Torte passenden Fruchtsaft ausgetauscht werden.

Grundrezept Tränke (Tränkflüssigkeit)

Unter Tränke versteht man eine Flüssigkeit, die der Torte Aroma und Saftigkeit gibt. Die jeweilige Menge ist auf die entsprechende Torte gleichmäßig zu verteilen und ganz aufzubrauchen.

Wasser, Alkohol und Zucker sind die Bestandteile einer Tränke. Soll eine Torte ohne Alkohol hergestellt werden, wird die angegebene Menge durch passenden Fruchtsaft, wenn er sehr süß ist, mit Wasser verdünnt, ersetzt.

Alle Zutaten gut verrühren und dabei beachten, daß der Zucker ganz aufgelöst ist.

Grundrezept Buttercreme

Zwei unterschiedliche Herstellungsarten für die Buttercreme bieten sich an:

1. Butter und geschmeidiges Pflanzenfett anwärmen. Pflanzenfett wird mitverwendet, damit die Creme noch lockerer und leichter wird.

Butter und Pflanzenfett mit dem Handrührgerät schaumig rühren.

Eier und Zucker im Wasserbad gut warm und dann mit der Küchenmaschine oder dem Handrührgerät kalt und locker aufschlagen. Beide Massen zusammenrühren und die in den Rezepten angegebene Zitrone oder Vanille zugeben.

2. Butter und Pflanzenfett schaumig rühren.

Abwechselnd Puderzucker und Eier zugeben und alles kräftig schaumig schlagen.
Zitrone und Vanille zugeben, wie in den Rezepten angegeben.

Beide Herstellungsarten können für jedes beschriebene Rezept angewendet werden. In der Konditorei wird die erste Arbeitsweise, Eier und Zucker warm schlagen, praktiziert. Besonders in den Sommermonaten ist es ratsam, die Eier mit Zucker warm aufzuschlagen.

Teilweise gibt es noch Vorbehalte gegen Buttercremes, sie seien zu fett und zu schwer. Doch alle hier beschriebenen Cremerezepte sind locker, leicht und zart. Und die Mengenangaben sind außerdem sehr knapp gehalten.

Grundrezept Schokoladen-Mousse

Schokoladen-Mousse ist als Dessert und auch als Füllung für Torten sehr beliebt.
Je nach Geschmack kann außer Zartbitter- auch Vollmilch- oder weiße Kuvertüre bzw. weiße Schokolade verwendet werden. Die Arbeitsweise und die Mengenangaben bleiben durch die Kuvertüre unberührt (bei weißer Kuvertüre ca. 10% mehr Masse verwenden).

Eier und Eigelb zunächst im Wasserbad mit dem Schneebesen warm und dann mit dem Handrührgerät locker und kalt weiterschlagen.

Die Kuvertüre fein hacken und in einer Kasserolle im Wasserbad oder in der Mikrowelle auflösen.

Die Sahne steif schlagen.
Sahne- und Eiermasse zusammenrühren.

Einen kleinen Teil dieser Masse in die Kuvertüre geben und glattrühren.

Ist die Kuvertüre kalt, gerinnt die Masse. In diesem Fall die Mischung im Wasserbad leicht nachwärmen.

Mit einem Handschneebesen glattrühren.

Die restliche Sahne-Eiermischung unterheben.
Die Kuvertüre darf aber auch nicht zu stark nachgewärmt werden, da sonst die Schokoladen-Mousse zu weich wird und keinen Halt mehr hat.

Grundrezept Kuvertüre

Zartbitter- oder Vollmilch-Kuvertüre oder auch weiße Kuvertüre bzw. Schokolade sind in den Fachabteilungen der Lebensmittelgeschäfte, der Kaufhäuser oder beim Konditor erhältlich. Alle drei Sorten eignen sich sehr gut als Zusatz zu Cremes, geschlagener Sahne oder Schokoladen-Mousse. Bei Verwendung von weißer Kuvertüre (oder Schokolade) sollte man, um die gewünschte Festigkeit zu erreichen, etwa 10 % mehr Masse als bei dunkler Kuvertüre einrechnen.

2/3 der feingeschnittenen Kuvertüre in eine Kasserolle geben und im Wasserbad oder in der Mikrowelle auflösen.
In der warmen Jahreszeit die aufgelöste Masse eher etwas kühler, im Winter eher etwas wärmer halten (bei ca. 37° C).

Die restliche Kuvertüre zugeben, durchrühren und aus dem Wasserbad nehmen.

Sind die Stücke ganz aufgelöst, die Kuvertüre mit dem Rücken des Zeigefingers berühren — wird weder ein kaltes noch ein warmes Gefühl empfunden, so ist die Temperatur genau richtig (der Ausdruck hierfür ist: *Bluttemperatur*).

Um Schokoladenspäne zu erhalten, mit dem Messerrücken die Späne vom Stück abschaben. Wenn die Kuvertüre Zimmertemperatur hat, werden die Späne am schönsten.

Tip: Wichtig ist, die aufgelöste Kuvertüre nie komplett in eine Masse bzw. Creme oder Sahne zu gießen und umzurühren, sondern ein oder zwei Teigschaber davon in die Kuvertüre zu geben, glattzurühren und die restliche Masse nach und nach zuzugeben und unterzuheben. Wird eine Torte mit Kuvertüre überzogen, so darf diese nicht zu warm sein.

Sachertorte, Seite 22 ▷

Marzipanrosen

Die Marzipanrosen sind von altersher die beliebtesten Blumen auf einer Festtags- oder Hochzeitstorte.
Die Herstellung erscheint etwas schwierig, ist es aber nicht. Ein paar Grundregeln sind zu beachten:

Die Marzipanmasse muß immer glatt und geschmeidig sein. Werden mehrere Rosen geformt, grundsätzlich nur eine kleine Menge Marzipan ausrollen. Durchschnittlich werden 7—8 Blütenblätter für eine Rose verwendet.
Die ausgerollte Stärke sollte ca. 1,5 mm betragen, der Blattdurchmesser ca. 3 cm.

Marzipan dünn ausrollen und den Keil oder Stempel formen.

Mit einem Teigschaber die Blütenblätter dünn drücken bzw. schleifen.

Die einzelnen Blätter nur an der dicken Seite leicht mit Wasser befeuchten und im Kreis um den Keil legen, leicht andrücken.

Den Anfang der Blüte bildet ein Keil, um den die Blütenblätter gelegt werden. Dieser muß kurz sein, im Durchmesser eher dick und nach oben spitz zulaufen.

Weiter die Blütenblätter im Kreis um den Keil legen.

Die einzelnen Blätter leicht nach außen formen.

Das Marzipan läßt sich sehr gut verarbeiten, wenn unter 500 Gramm Rohmarzipan 100 Gramm Puderzucker gearbeitet werden.

Für farbige Marzipanrosen einige Tropfen Lebensmittelfarbe unter die Marzipanmasse kneten.

MARZIPANROSEN

Rosenblätter: Etwas Marzipan mit grüner Lebensmittelfarbe färben und dünn ausrollen.

Aus dem ausgerollten Marzipan Blätter schneiden.

Mit dem Messerrücken oder Modellierholz einkerben.

Die fertig zusammengesetzte Marzipanrose.

DIE TORTEN

Champagner-Sahnetorte

Löffelbiskuits aufspritzen, ca. 5 cm lang.

Schokoladen- und Champagner-Sahne mit je der Hälfte Grundcreme zubereiten.

Schokoladen-Sahne einfüllen, Löffelbiskuits und Biskuitabschnitte auflegen.

Die Champagner-Sahne aufstreichen und weiße Schokoladenspäne auflegen.

Boden und Löffelbiskuit:

6 Eigelb
30 g Zucker
das Abgeriebene von 1/2 Zitrone
6 Eiweiß, 90 g Zucker
75 g Mehl, 75 g Stärkepuder

Grundcreme:

4 Blatt Gelatine
1/4 l Milch
25 g Vanillepuddingpulver
30 g Zucker, 1 Eigelb
700 g Sahne
50 g Zucker

Schokoladensahne:

1/2 Grundcreme
1/2 Sahne
120 g Zartbitter-Kuvertüre
30 ml Rum

Champagner-Sahne:

1/2 Grundcreme
1/2 Sahne
70 ml Marc de Champagne

Für die Garnitur:

weiße Schokoladenspäne

Form:

Springform 28 cm ⌀
Backblech

Backzeit:

Elektro: 180° C   ca. 10 Minuten
Gas: 2—3   ca. 10 Minuten
Umluft: 170° C   ca. 9 Minuten

Zubereitung

Eigelb, den Zucker und das Abgeriebene einer halben Zitrone mit dem Rührgerät schaumig rühren. Eiweiß und Zucker zu einem cremigen Schnee schlagen. Beide Massen zusammengeben. Mit dem Kochlöffel Mehl und Stärkepuder unterarbeiten.

Den Boden der Springform fetten und mit Backtrennpapier auslegen. Ein Drittel der Masse einfüllen, glattstreichen und backen.

Von der restlichen Masse mit einem Spritzbeutel, Lochtülle Nr. 8, Löffelbiskuits auf ein mit Trennpapier belegtes Blech aufspritzen (5 cm lang). Zart mit Puderzucker übersieben und backen.

Für die Grundcreme die Blattgelatine in kaltem Wasser einweichen. Milch, Puddingpulver, Zucker und Eigelb in eine Schüssel geben und unter ständigem Rühren aufkochen. Die ausgedrückte Blattgelatine unterrühren.

Den Boden aus der Form nehmen und ringsum zuschneiden, so daß er ca. 4 cm im Durchmesser kleiner ist. Auf eine Platte legen und den Springformrand darumstellen. Diesen leicht fetten und einen Streifen Backtrennpapier herumlegen. Die Löffelbiskuits vom Backtrennpapier lösen und senkrecht nebeneinander mit der Oberseite nach außen, an den Springformrand stellen.

Die Sahne mit dem Zucker steif schlagen.

Für die Schokoladensahne Kuvertüre im Wasserbad oder in der Mikrowelle auflösen. Die abgekühlte Creme mit dem Rührgerät glattrühren. Die Hälfte dieser Creme in die Kuvertüre geben; den Rum und die Hälfte der Sahne zugeben. Kräftig durchrühren und einfüllen. Die übrigen Löffelbiskuits und den abgeschnittenen Rand des Bodens auflegen.

Den Marc de Champagne in die zweite Hälfte der Grundcreme geben. Durchrühren und die restliche Sahne daruntergeben. Auf den Biskuitdeckel streichen und kühl stellen. Nach ca. 4 Stunden den Springformrand lösen und abheben. Weiße Schokolade abschaben und die Späne auf der Torte verteilen.

Sachertorte

Den ausgekühlten halben Sacherboden mit Himbeerkonfitüre bestreichen.

Die zusammengesetzte Torte mit Pralinencreme einstreichen.

Mit Kuvertüre übergießen und glattstreichen.

Sacherboden:

160 g Zartbitter-Kuvertüre
160 g Butter
60 g Zucker
8 Eigelb
Prise Salz
180 g Mehl
2 gehäufte TL Backpulver
120 g gehobelte Mandeln
14 Eiweiß
100 g Zucker

Pralinencreme:

250 g Sahne
400 g Zartbitter-Kuvertüre

Zum Tränken:

250 ml Wasser
50 g Puderzucker
130 ml Rum

Füllung:

250 g Himbeerkonfitüre

Zum Überziehen:

300 g Zartbitter-Kuvertüre

Form:

Springform 28 cm ⌀

Backzeit:

Elektro: 180° C 45 Minuten
Gas: 2—3   45 Minuten
Umluft: 170° C 40 Minuten

Zubereitung

Kuvertüre fein schneiden und im Wasserbad auflösen.
Butter, Zucker, Eigelb und Salz mit der Küchenmaschine schaumig rühren. Mehl, Backpulver und gehobelte Mandeln vermischen. Eiweiß mit dem Zucker zu Schnee schlagen. Die aufgelöste, sehr warme Kuvertüre mit dem Schneebesen in die schaumige Butter rühren, anschließend das Eiweiß und das Mehl unterheben. In die leicht gefettete Springform geben und glattstreichen.

Die Kuvertüre für die Creme fein schneiden.
Sahne in eine Kasserolle geben und aufkochen. Von der Feuerstelle nehmen, die Kuvertüre zugeben und glattrühren.

Den ausgekühlten Boden einmal durchschneiden und das Unterteil auf eine Platte legen.

Für die Tränke das Wasser, den Puderzucker und Rum gut verrühren und mit einem Pinsel knapp die Hälfte auf das Unterteil des Bodens auftragen.
Himbeerkonfitüre aufstreichen und das Oberteil auflegen. Den Rest der Tränke darüber verteilen.

Die ausgekühlte Pralinencreme mit dem Handbesen kurz durchrühren. Die Torte ganz einstreichen und eine halbe Stunde kühlstellen.

Die Kuvertüre für die Glasur auflösen. Die Torte auf ein Kuchengitter setzen. Die Kuvertüre darübergießen, glatt streichen und auf eine Platte zurücksetzen.

Mit einem warmen Messer Stücke einteilen.

Besonders köstlich schmeckt die Sachertorte, wenn sie, wie in Österreich, mit Schlagobers, einem Schlag Sahne, serviert wird.

Sachertorte

Obst-Charlotten-Torte

Zubereitung Biskuit siehe Seite 8.

Früchte auf der Creme verteilen und die Torte zusammensetzen.

Auf die eingestrichene Torte Buttercreme aufspritzen.

Die gesamte Torte mit Marzipan eindecken.

Biskuitboden:

6 Eier
120 g Zucker
das Abgeriebene einer Zitrone
180 g Mehl
60 g Butter

Für die Garnitur:

30 g gehobelte Mandeln

Zum Tränken:

300 ml Orangensaft
evtl. etwas Zucker

Creme:

250 g Butter
200 g Pflanzenfett
das Mark einer Vanilleschote
Saft einer Zitrone
3 Eier
120 g Puderzucker

700 g gemischte Früchte für die Innenfüllung

Zum Eindecken:

400 g Marzipanrohmasse
100 g Puderzucker
1 Päckchen weißer Tortenguß
Früchte zum Belegen

Form:

Springform 28 cm ⌀

Backzeit:

Elektro: 180° C   30 Minuten
Gas: 2—3   30 Minuten
Umluft: 170° C   25 Minuten

Zubereitung

Eier, Zucker und das Abgeriebene einer Zitrone zuerst mit dem Schneebesen im Wasserbad warmschlagen, dann mit dem Rührgerät kalt und locker aufschlagen. Mit einem Kochlöffel das Mehl unterheben und zum Schluß die flüssige warme Butter.

In die gebutterte und am Boden mit Trennpapier ausgelegte Springform füllen, glattstreichen und backen. Die Mandelblättchen auf dem Backblech verteilen und goldgelb rösten.

Zum Tränken den Orangensaft frisch auspressen, evtl. süßen.

Zimmerwarme Butter und Pflanzenfett mit dem Rührgerät schaumig schlagen. Das Mark der Vanilleschote und das Abgeriebene der Zitrone zugeben. Eier und Zucker zunächst im warmen Wasserbad, dann kalt mit dem Rührgerät locker aufschlagen. Beide Massen zusammenrühren.

Für die Innenfüllung gemischte Früchte nach Geschmack und Saison zusammenstellen.
Den ausgekühlten Biskuitboden zweimal quer durchschneiden. Mit einem Pinsel 1/3 der Tränke auf dem Boden auftragen. Dünn Buttercreme aufstreichen. Die Hälfte der vorbereiteten Früchte darauf verteilen. Das Mittelteil des Biskuitbodens auflegen, tränken, Creme aufstreichen und Früchte verteilen. Den dritten Boden auflegen, die restliche Tränke auftragen und die Torte ganz mit Buttercreme einstreichen.
Die übrige Creme in einen Spritzbeutel mit Lochtülle Nr. 10 füllen. Drei Kreise aufspritzen und die Torte zwei Stunden kühl stellen.

Marzipan mit dem Puderzucker glattarbeiten und mit etwas Puderzucker ausrollen. Die Torte ganz eindecken. In die vorgegebenen Kreise verschiedene bunte Früchte auflegen und die ganze Torte dünn mit Tortenguß abglänzen. Die gerösteten Mandelblättchen um den Rand anbringen.

Punschtorte

Mürbteigboden in der Größe der Springform ausrollen und backen.

Als Mittelfüllung angemachte Marzipanmasse aufstreichen.

Die Torte ganz mit Aprikosenkonfitüre einstreichen.

Mit Fondantglasur glasieren.

Mürbteigboden:

100 g Mehl, 35 g Zucker
70 g Butter, 1 Prise Salz
Abrieb von 1/2 Zitrone
1 Eigelb

Biskuitboden:

8 Eier, 150 g Zucker
das Mark einer halben Vanilleschote
240 g Mehl, 80 g Butter

Marzipanfüllung:

250 g Marzipanrohmasse
150 g Butter, 80 g Rum
50 g Aprikosenmarmelade

Tränkflüssigkeit:

350 ml Wasser
200 ml Rum, 30 g Zucker

Füllung:

650 g Aprikosenmarmelade

Zum Eindecken:

200 g Marzipanrohmasse
80 g Puderzucker
350 g Fondant
50 g Mandelblättchen

Garnitur:

kandierte Früchte
oder Zuckerblüten

Form:

Springform 28 cm ⌀

Backzeit:

Elektro: 180° C   30 Minuten
Gas: 2—3   30 Minuten
Umluft: 170° C   26 Minuten

Zubereitung

Für den Mürbteig das Mehl abwiegen und einen Mehlkranz bilden. In die Mitte Zucker, Butter, Salz, das Abgeriebene von 1/2 Zitrone und das Eigelb geben. Alle Zutaten vermengen und zu einem Teig kneten, kurze Zeit kühl stellen. Danach einen Boden ausrollen und backen.

Eine Springform fetten und den Boden mit Backtrennpapier auslegen. Eier und Zucker mit dem Schneebesen zuerst im Wasserbad warm, dann außerhalb mit dem Rührgerät kalt und locker aufschlagen. Das Mark der Vanilleschote zugeben. Mit dem Kochlöffel zuerst das Mehl und dann die flüssige warme Butter unterheben.
Die Masse in die Springform füllen und backen. Dieser Boden muß nach dem Backen sofort gestürzt werden, damit er völlig eben wird.

Die Mandelblättchen auf dem Backblech verteilen und goldgelb rösten. Für die Zwischenfüllung das Marzipan mit der Butter, dem Rum und Aprikosenmarmelade glattarbeiten. Für die Tränke Wasser, Rum und Zucker anrühren.
Den Mürbteigboden auf eine Platte legen und mit Aprikosenmarmelade bestreichen. Den Biskuit-Tortenboden dreimal quer durchschneiden und das Unterteil auf den Mürbteigboden legen. Jede Lage des Biskuitbodens nach dem Auflegen mit der Tränke gut einpinseln. Die unterste und oberste Füllung besteht aus Aprikosenmarmelade. Die Marzipanfüllung in die Mitte streichen. Backtrennpapier auf die fertig zusammengesetzte Torte legen, diese auf eine Platte stürzen und ca. 20 Minuten ruhen lassen.

Die zurückgedrehte Torte mit Aprikosenmarmelade bestreichen. Marzipan mit dem Puderzucker glattarbeiten und mit etwas Puderzucker ausrollen, auf Tortengröße zuschneiden und auflegen. Dünn mit Aprikosenmarmelade bestreichen.
Die Zuckerglasur in einer Kasserolle auf *Blutwärme* (siehe Seite 14) anwärmen und die Marzipandecke damit glasieren. Seitlich abgelaufene Glasur abstreifen.
Den Rand mit den Mandelblättchen bestreuen. Als Garnitur fertig gekaufte kandierte Früchte oder Blumen auflegen.

ANANAS-SAHNETORTE

Mit dem Spritzbeutel die Makronenmasse spiralförmig zur Tortengröße aufspritzen.

Als Belag halbe Erdbeeren und Ananasstücke auf Trennpapier legen.

Die Fruchtstücke unter die Sahne heben.

Die Sahne-Früchtemasse auf die Früchte geben. Makronenboden auflegen.

Makronenboden:

500 g Marzipanrohmasse
10 Eigelb

Füllung:

150 g Erdbeeren
150 g Ananas

Belag:

200 g Erdbeeren
200 g Ananas

Sahnefüllung:

750 g Sahne
70 g Zucker
8 Blatt Gelatine

Garnitur:

1 Päckchen weißer Tortenguß
Vollmilch-Kuvertüre für die Späne

Form:

Springform 28 cm ⌀

Backzeit:

Elektro: 180° C 20 Minuten
Gas: 2—3 20 Minuten
Umluft: 170° C 18 Minuten

Zubereitung

Marzipanrohmasse und Eigelb glattarbeiten. Mit einem Spritzbeutel mit Lochtülle Nr. 12 einen spiralförmigen Boden auf Backtrennpapier in der Größe einer Springform spritzen.
Im heißen Ofen backen.

Für die Füllung Ananas und Erdbeeren in kleine Streifen schneiden. Für den Belag Ananas in Stücke schneiden und Erdbeeren halbieren.

Den gefetteten Ring der Springform mit Papier umlegen und auf Backtrennpapier setzen. Die Früchte mit der Schnittfläche nach unten auflegen.

Blattgelatine im kalten Wasser einweichen. Nach 10 Minuten mit einigen Tropfen Wasser in einer Kasserolle auf der Feuerstelle auflösen. Sahne mit dem Zucker steif schlagen. Die Gelatine unterrühren.
Die geschnittenen Früchte für die Füllung zugeben. Vorsichtig die Masse auf den Früchten verteilen, glattstreichen und den Makronenboden auflegen. Ca. 4 Stunden kühlstellen.

Eine Tortenplatte auflegen, die Torte wenden und den Ring sowie den Papierstreifen abnehmen.
Die gesamte Oberfläche mit weißem, etwas abgekühlten Tortenguß glasieren.
Schokoladenspäne von Vollmilch-Kuvertüre schaben und um den Rand der Torte andrücken.

Mousse au Chocolat-Torte mit Erdbeeren

Schokoladen-Mousse anrühren.

Auf den Nußbaiserboden aufstreichen.

Erdbeeren auflegen.

An der fertig eingestrichenen Torte Spitzen hochziehen.

Nußbaiser-Böden:

150 g geriebene Haselnüsse
10 Eiweiß
300 g Zucker
3/4 Teelöfel Zimt

Schokoladen-Mousse:

450 g Zartbitter-Kuvertüre
2 Eier
2 Eigelb
600 ml Sahne

Zum Einlegen:

500 g Erdbeeren

Für die Garnitur:

6 oder 7 schöne große Erdbeeren, je nach Größe
Vollmilchschokoladenspäne

Form:

Backblech

Back- bzw. Trockenzeit:

Elektro: 150° C, abschalten, über Nacht
Gas: 2–3, dann abschalten, über Nacht
Umluft: zuerst 150° C, dann abschalten, über Nacht

Bitte Hinweis auf Seite 32 beachten

Zubereitung

Geriebene Haselnüsse auf einem Blech im Backofen goldgelb rösten. Den Backofen auf 150° C abkühlen lassen.
Das Eiweiß und die Hälfte des Zuckers mit der Küchenmaschine zu einem cremigen Schnee schlagen. Die geriebenen Nüsse, den restlichen Zucker und den Zimt mit einem Kochlöffel unterheben. Die Masse auf drei mit Backtrennpapier belegte Bleche verteilen und zu zwei runden Böden, ⌀ 28 cm, und 1 Boden, ⌀ 24 cm, aufstreichen. Alle drei Bleche in den abgeschalteten 150° C warmen Backofen schieben. Die Türe mit einem Kochlöffel etwas offen halten und die Böden über Nacht trocknen lassen.

Für die Schokoladen-Mousse die Zartbitter-Kuvertüre feinhacken und im Wasserbad auflösen.

Eier und Eigelb im Wasserbad mit dem Schneebesen warm, dann mit dem Rührgerät kalt und locker aufschlagen.

Die Sahne schlagen und unter die Eiermasse heben. Die Kuvertüre mit einem Teil dieser Masse anrühren. Beide Massen zusammengeben und mit dem Schneebesen glattrühren.

Die Erdbeeren waschen und auf einem Küchentuch abtrocknen lassen. Sehr große Früchte halbieren. Einen Baiserboden, ⌀ 28 cm, auf eine Platte legen. Ein Drittel der Schokoladen-Mousse aufstreichen. Die Hälfte der Erdbeeren in die Creme drücken. Den zweiten Boden, ⌀ 28 cm, auflegen, füllen, Erdbeeren auflegen und den Deckel (⌀ 24 cm) darübergeben.
Die Torte mit der restlichen Schokoladen-Mousse leicht konisch einstreichen, Spitzen hochziehen und ca. 3 Stunden kühlstellen.
Die Torte kann auch mit drei gleichgroßen Baiserböden im Springformring aufgebaut werden.
Die Erdbeeren für die Garnitur mit dem Stiel halbieren und aufsetzen.

Vollmilchschokoladenspäne schaben und um den Fuß der Torte drücken.

Mousse au Chocolat-Torte mit Erdbeeren

Mokka-Sahnetorte

Zwei Baiserböden spiralförmig aufspritzen.

Instant Kaffee in Rum auflösen, Gelatine unterrühren und Sahne unterheben.

Die restliche Sahne auf dem zweiten Boden verteilen und ganz einstreichen.

Zum Aufstreuen:
80 g Mandelblättchen

Baiserböden:
8 Eiweiß
250 g Zucker

Zum Bestreichen:
50 g Zartbitter-Kuvertüre

Zum Einstreuen:
100 g Mokkaschokolade

Füllung:
4 Blatt Gelatine
800 g Sahne
60 g Zucker
25 g Instant Kaffee
100 ml Rum

Form:

Backblech

Back- bzw. Trockenzeit:

Elektro: zuerst 150° C,
dann abschalten, über Nacht
Gas: 2–3, dann abschalten,
über Nacht
Umluft: zuerst 150° C,
dann abschalten, über Nacht

Zubereitung

Die Mandelblättchen für die Garnitur auf einem Blech verteilen und im Backofen bei ca. 170° C goldgelb rösten. Den Ofen abschalten und bei offener Türe die Temperatur auf 150° C fallen lassen.

Eiweiß und die Häfte des Zuckers zu einem cremigen Schnee schlagen. Den restlichen Zucker mit dem Kochlöffel unterheben.

Hinweis

Baisermasse zieht aus der Luft Feuchtigkeit an. Daher die Böden bei feuchter Witterung evtl. am nächsten Tag einige Minuten bei 150° C nachbacken.

Mit einem Spritzbeutel, Lochtülle Nr. 14, zwei Böden zu einer Größe von 28 cm ⌀ spiralförmig auf zwei mit Backtrennpapier belegte Backbleche spritzen.
Beide Bleche in den auf ca. 120—130° C warmen, abgeschalteten Backofen schieben. Die Türe mit einem Holzlöffel einen Spalt offenhalten und die Böden über Nacht trocknen lassen.

Kuvertüre im Wasserbad auflösen. Einen Tortenboden mit einem Pinsel damit bestreichen und auf eine Platte legen.
Die Mokkaschokolade zum Einstreuen sehr fein hacken.

Blatt-Gelatine in kaltem Wasser einweichen.

Die Sahne und den Zucker mit der Küchenmaschine steifschlagen.
Den Instant Kaffee mit dem Rum in einer Kasserolle anrühren.
Die Blattgelatine gut ausdrücken und auf der Feuerstelle auflösen.
Den angerührten Kaffee zugeben.
Mit dem Handbesen unter die Sahne rühren.
Die Hälfte der Mokkasahne auf den bestrichenen Baiserboden verteilen, glattstreichen und die Mokkaschokolade aufstreuen.
Den zweiten Boden auflegen, die restliche Sahne darüber verteilen und die Torte ganz einstreichen.

Die gerösteten Mandelblättchen über die ganze Torte streuen.
3 Stunden kühlstellen und leicht mit Puderzucker übersieben.

Mokka-Sahnetorte

Mango-Käse-Sahnetorte

Zubereitung Biskuit siehe Seite 8.

Mangospalten als Blüte auf den Boden der Schüssel legen.

Die eingefüllte Käse-Sahnemasse mit den restlichen Mangospalten belegen und den Biskuitboden auflegen.

Biskuitboden:

3 Eier
60 g Zucker
90 g Mehl
30 g Butter

Käsesahne:

2 Eier
100 ml Milch
160 g Zucker
400 g Speisequark
das Mark einer Vanilleschote
das Abgeriebene einer Zitrone
500 g Sahne
50 g Zucker
8 Blatt Gelatine
50 ml Rum

Als Einlage und zur Dekoration:

1 große reife Mangofrucht

1 Päckchen weißer Tortenguß

Form:

Springform 28 cm ⌀
Eine Schüssel für ca. 3 l Inhalt

Backzeit:

Elektro: 180° C 30 Minuten
Gas: 2—3 30 Minuten
Umluft: 170° C 26 Minuten

Zubereitung

Den Boden einer Springform fetten und mit Backtrennpapier auslegen. Eier und Zucker mit dem Schneebesen im Wasserbad warm, dann mit der Küchenmaschine kalt und locker aufschlagen. Das Mehl unterheben; zum Schluß die flüssige warme Butter zugeben.
In die Springform einfüllen und backen.

In eine Schüssel die Eier, Milch, Zucker, den Quark, das Mark der Vanilleschote und das Abgeriebene einer Zitrone geben und mit dem Handschneebesen glattrühren.
Die Blattgelatine in kaltem Wasser einweichen.

Die Mangofrucht schälen, entkernen und in Spalten schneiden.
Eine Schüssel (Größe ca. 3 Liter) kalt ausspülen. Auf den Boden mit den Mangosegmenten eine Blüte legen.

Die Sahne mit dem Zucker steif schlagen.
Die Blattgelatine in einer Kasserolle mit dem Rum gut warm auflösen und unter die Quarkmasse rühren; die Sahne darunterheben.
Die Käse-Sahnemasse vorsichtig in die Schüssel einfüllen, damit die Blume nicht verschoben wird. Die restliche Frucht gleichmäßig verteilen, etwas in die Quarkmasse drücken und den Biskuitboden auflegen. Über Nacht durchkühlen lassen.
Am nächsten Tag die Schüssel kurz in heißes Wasser stellen und die Torte auf eine Platte stürzen.
Mit weißem Tortenguß abglänzen.

Mango-Käse-Sahnetorte

Tutti Frutti

Obstsalat auf den Sandboden auflegen.

Auf die mit Sahnesteif übersiebten Früchte die Sahne aufspritzen.

Sandmasse:

125 g Mehl
30 g Stärkepuder
1 Messerspitze Backpulver
150 g Butter
150 g Zucker
3 Eier
das Abgeriebene einer Zitrone
das Mark einer Vanilleschote

Zum Füllen und Bestreichen:

ca. 1500 g Früchte für den Obstsalat
400 g Johannisbeerkonfitüre
2 Päckchen Sahnesteif
500 g Sahne
40 g Zucker
3 Blatt Gelatine
20 ml Cointreau

frische Früchte zum Belegen

Form:

Springform 28 cm ⌀

Backzeit:

Elektro: 180° C 25 Minuten
Gas: 2—3 25 Minuten
Umluft: 170° C 23 Minuten

Zubereitung

Mehl, Stärkepuder und Backpulver vermischen.
Zimmerwarme Butter und Zucker mit der Küchenmaschine schaumig rühren. Nach und nach die Eier, die abgeriebene Zitronenschale und das Mark der Vanilleschote zugeben. Mit dem Kochlöffel das Mehl unterarbeiten. In die gebutterte Springform füllen und glattstreichen.
Im heißen Backofen goldgelb backen.

Einen Obstsalat aus frischen Früchten zubereiten. Die Zusammenstellung der Früchte richtet sich nach der Saison und dem eigenen Geschmack.

Den Sandkuchenboden aus der Form nehmen und auf eine Platte legen. Einmal quer durchschneiden und mit Johannisbeerkonfitüre füllen.
Auf die Oberfläche dünn Johannisbeerkonfitüre streichen und Sahnesteif aufstreuen. Den Obstsalat ohne Saft mit dem Löffel locker darauf verteilen. Nochmals Sahnesteif darübersieben, damit die Sahne einen Halt bekommt.
Blattgelatine im kalten Wasser einweichen. Die Sahne mit dem Zucker steif schlagen. Blattgelatine gut ausdrücken, mit dem Cointreau in einer Kasserolle auf der Feuerstelle auflösen. Mit dem Handschneebesen unter die Sahne rühren.
Mit einem Spritzbeutel mit großer Sterntülle Spitzen aufspritzen.

Verschiedene Früchte bunt durcheinander auflegen.

Pfirsich-Cognac-Sahnetorte

Zubereitung Biskuit siehe Seite 8.

Pfirsich-Segmente auf dem Biskuit verteilen.

Sahne unter die Creme heben.

Einen Teil Cognacsahne auf den Pfirsichen verteilen, Boden auflegen, mit der restlichen Creme glattstreichen.

Biskuitboden:

3 Eier
60 g Zucker
90 g Mehl
30 g Butter

4 Blatt Gelatine

Creme:

250 ml Milch
40 g Zucker
1 Eigelb
25 g Vanillepuddingpulver
4 cl Cognac
350 ml Sahne

Für die Füllung:

1 Dose Pfirsich-Segmente 850 ml (Einwaage)

Für die Garnitur:

3—4 frische Pfirsiche
im Winter: 1 Dose 850 ml (Einwaage)
1 Päckchen weißer Tortenguß
Vollmilch-Kuvertüre für Späne

Form:

Springform 28 cm ⌀

Backzeit:

Elektro: 180° C 18 Minuten
Gas: 2—3   18 Minuten
Umluft: 170° C 16 Minuten

Zubereitung

Eier und Zucker im Wasserbad mit dem Schneebesen warm, danach mit der Küchenmaschine kalt und schaumig schlagen. Das Mehl mit dem Kochlöffel unterheben, zum Schluß die flüssige Butter zugeben. Die Masse in eine gebutterte, am Boden mit Trennpapier ausgelegte Springform füllen und backen.

Blattgelatine in kaltem Wasser einweichen.

Für die Creme Milch, Zucker, Eigelb und Vanillepuddingpulver in eine Kasserolle geben und unter ständigem Rühren aufkochen. Die ausgedrückte Gelatine darunterrühren und abkühlen lassen.

Den Biskuitboden aus der Form nehmen und das Trennpapier abziehen. Eine dünne Lage des Bodens von oben abschneiden. Das Unterteil auf eine Platte legen und den Ring der Springform darumstellen. Diesen leicht fetten und mit einem Streifen Trennpapier umlegen. Pfirsich-Segmente auf den Biskuitboden legen.

Die Creme glattrühren und den Cognac dazugeben. Die Sahne steif schlagen und unter die Creme rühren.
Etwas Sahnecreme in den Springformring füllen, den dünnen Boden auflegen und die restliche Sahne darübergeben. Ca. 4 Stunden kühlstellen.

Die Pfirsich-Stücke für die Garnitur auf einem Küchentuch gut abtropfen lassen, auf die Torte legen und mit dem etwas abgekühlten weißen Tortenguß abglänzen. In der Sommerzeit frische Pfirsiche zu Segmenten schneiden, auflegen und mit Tortenguß abglänzen.
Mit einem Messer den Springformrand lösen und abheben.

Vollmilch-Kuvertüre schaben und Späne in die Mitte der Torte legen.

Schwarzwälder Kirschtorte

Grundrezept Biskuit siehe Seite 8.

Kirschen auf dem untersten Boden verteilen.

Sahne aufstreichen und Kuvertüre aufstreuen.

Mit der restlichen Sahne kantig oder zur Kuppel streichen.

Schokoladenboden:

100 g Mehl
10 g Kakaopulver
1 gestrichener TL Backpulver
40 g gehobelte Mandeln
40 g Butter
4 Eier
75 g Zucker

Sahnefüllung:

ca. 500 g Kirschen
4 Blatt Gelatine
80 ml Kirschwasser
1 l Sahne
90 g Zucker

Zum Ein- bzw. Aufstreuen:

70 g Zartbitter-Kuvertüre
Zartbitter-Kuvertüre für Späne

Zum Tränken:

80 ml Kirschwasser

Zum Belegen:

16 frische oder Belegkirschen

Form:

Springform 28 cm ⌀

Backzeit:

Elektro: 180° C 20 Minuten
Gas: 2—3   20 Minuten
Umluft: 170° C 18 Minuten

Zubereitung

Mehl, Kakaopulver, gehobelte Mandeln und Backpulver vermischen.
Die Butter in einer Kasserolle verflüssigen.
Eier und Zucker mit dem Schneebesen im Wasserbad warm, dann mit dem Rührgerät kalt und locker aufschlagen. Mit dem Kochlöffel zuerst die Mehlmischung dann die flüssige Butter unterarbeiten.
Die Masse in die gebutterte Springform geben und backen.
Nach dem Auskühlen den Schokoladenboden einmal quer durchschneiden. Den unteren Teil auf eine Platte setzen und den mit Papier umlegten Springformring darumstellen. Frische entsteinte Süß- oder Sauerkirschen oder auch Kompottkirschen darauf verteilen. Bei Kompottkirschen auch den Saft mit verwenden und im Meßbecher abmessen. Je 100 ml Saft 10 Gramm Stärkepuder zugeben und in einer Kasserolle unter ständigem Rühren aufkochen. Kirschen mit dem Kochlöffel daraufgeben, kurz abkühlen lassen und die Kompottkirschen auf dem Boden verteilen.

Blattgelatine in kaltem Wasser einweichen. Sahne mit dem Zucker schlagen.
In einer Kasserolle die Blattgelatine mit dem Kirschwasser auf der Feuerstelle auflösen. Mit dem Schneebesen unter die Sahne rühren. Zwei Teigschaber Sahne in einen Spritzbeutel mit Sterntülle Nr. 15 geben. Die Kuvertüre fein schaben.

Die Hälfte der Sahne auf den vorbereiteten Boden geben und verstreichen. Die geschabte Kuvertüre aufstreuen. Den zweiten Schokoladenboden auflegen, das Kirschwasser mit einem Pinsel darauf verteilen. Die restliche Sahne auftragen und glattstreichen.
Mit dem Spritzbeutel Rosetten aufspritzen und je eine Kirsche auflegen.
In die Mitte und um den Rand geschabte Kuvertüre verteilen und die Torte kühlstellen.

Nach ca. 2 Stunden den Ring lösen und abnehmen.

Diese Torte kann auch konisch oder als Kuppeltorte aufgestrichen werden. In diesem Fall keinen Springformring darumstellen und den zweiten Schokoladenboden als Kuppel auflegen. Die Sahne mit der Palette in die gewünschte Form streichen.

Wachauer Mohn-Sahnetorte

Aufgeschlagenes Eigelb und Eiweiß mit der Mehlmischung zusammenarbeiten.

Früchte auf dem Boden verteilen.

In Rum eingeweichte Sultaninen unter die Sahne heben.

1/3 der Rumsahne auf die Früchte streichen, Boden auflegen und weiter zusammensetzen.

Rumsultaninen:

50 g Sultaninen
100 ml Rum

Mohn-Sandboden:

160 gemahlener Mohn
125 g Mehl
1 Prise Salz
5 Eigelb
80 g Zucker
5 Eiweiß
80 g Zucker

Belag:

1 Dose Aprikosen
(850 ml Einwaage)
oder 500 g frische Früchte

Füllung:

5 Blatt Gelatine
750 g Sahne
50 g Zucker
2 Messerspitzen Zimt

Für die Garnitur:

200 g Sahne
1 TL Zucker
10 g Mohn
Aprikosenspalten zum Auflegen

Form:

Springform 28 cm ⌀

Backzeit:

Elektro: 180° C 35 Minuten
Gas: 2—3   35 Minuten
Umluft: 170° C 30 Minuten

Zubereitung

Die Sultaninen mit dem Rum übergießen, abdecken und über Nacht ziehen lassen.

Den gemahlenen Mohn mit dem Mehl und Salz vermischen. Eigelb und Zucker mit der Küchenmaschine schaumig schlagen. Eiweiß und Zucker zu einem cremigen Schnee schlagen.
Mit dem Kochlöffel beide Massen vermischen, zum Schluß die Mehlmischung zugeben. In eine gebutterte Springform füllen, in den heißen Backofen schieben und backen. Nach dem Auskühlen den Mohnsandboden dreimal quer durchschneiden. Das Unterteil auf eine Platte geben und mit den Aprikosen belegen. Den gebutterten, mit Trennpapier ausgelegten Springformring darumstellen.

Die Blattgelatine in kaltem Wasser einweichen.
Sahne schlagen, den Zucker mit dem Zimt vermischt zugeben. Die Gelatine auflösen und mit dem Schneebesen unter die Sahne rühren, zum Schluß die eingeweichten Sultaninen einarbeiten.

Die Torte zusammensetzen — abwechselnd Sahne und Mohnsandboden. Ca. 3 Stunden kühlstellen. Dann den Springformring abnehmen.
Sahne für die Garnitur schlagen und mit einem Spritzbeutel Rosetten aufspritzen.
Mohn aufstreuen und Aprikosenspalten auflegen.

Sommerbeeren-Torte

Baisermasse mit dem Spritzbeutel auf Trennpapier aufspritzen.

Schokoladenbaiser-Boden aufstreichen.

1/3 der Sahne auf den Schokoladenbaiser-Boden streichen und 1/3 der Früchte darauf verteilen.

Die restliche Sahne, mit den Früchten vermischt, aufstreichen.

Baisermasse:
7 Eiweiß
400 g Zucker

Für die Schokoladen-Baiser-Masse:
60 g geriebene Haselnüsse
50 g Kakaopulver

Füllung:
300 g Himbeeren
250 g Johannisbeeren
5 Blatt Gelatine
800 g Sahne
80 g Zucker
das Mark einer Vanilleschote

Form:

Backblech

Back- bzw. Trockenzeit:

Elektro: zuerst 150° C, dann abschalten, über Nacht
Gas: 2–3, dann abschalten, über Nacht
Umluft: 150° C, dann abschalten, über Nacht

Beide Bleche übereinander in den 150° C warmen, abgeschalteten Backofen schieben. Türe mit Hilfe eines Holzlöffels einen Spalt offen lassen und die Böden über Nacht trocknen.

Hinweis

Baisermasse zieht aus der Luft Feuchtigkeit an. Daher die Böden bei feuchter Witterung evtl. am nächsten Tag einige Minuten bei 150° C nachbacken.

Beide Bleche übereinander in den 120° C warmen, abgeschalteten Backofen schieben. Türe mit Hilfe eines Holzlöffels einen Spalt offen lassen und die Böden über Nacht trocknen.

Frische Johannisbeeren und Himbeeren waschen und auf einem Küchentuch gut abtropfen lassen.

Die Blattgelatine im kalten Wasser einweichen. Sahne mit dem Zucker und dem Mark der Vanilleschote steifschlagen. Die Gelatine in einer Kasserolle auflösen und unter die Sahne rühren. Den Schokoladen-Baiser-Boden auf eine Platte legen. 1/3 der Sahne darauf verstreichen und ca. 1/3 der Früchte darüberstreuen. Den weißen Baiserboden auflegen und leicht andrücken.
Die restliche Sahne mit der Hälfte der verbliebenen Früchte zu einer Kuppel aufstreichen. Mit der Palette Spitzen hochziehen und die restlichen Früchte darüberstreuen.
Ca. 2 Stunden kühlstellen.

SOMMERBEEREN-TORTE

Himbeer-Joghurt-Sahnetorte

Zubereitung Biskuit siehe Seite 8.

Himbeeren, Zucker und Zitrone vermischen.

Sahne und Joghurt unter die Früchte heben.

Die gekühlte Torte mit Sahnesteif bestäuben, um den Früchten einen Halt zu geben.

Biskuitboden:

3 Eier
60 g Zucker
90 g Mehl
30 g Butter

Joghurt-Sahne:

10 Blatt Gelatine
500 g Himbeeren
400 ml Sahne
200 g Zucker
das Abgeriebene einer Zitrone
Saft einer Zitrone
500 g Joghurt, natur

Belag:

1 Päckchen Sahnesteif
Himbeeren zum Auflegen, je nach Größe ca. 750 g
1 Päckchen roter Tortenguß

Form:

Springform 28 cm ⌀

Backzeit:

Elektro: 180° C 18 Minuten
Gas: 2—3   18 Minuten
Umluft: 170° C 16 Minuten

Zubereitung

Den Boden der Springform fetten und mit Backtrennpapier auslegen. Die Eier mit dem Zucker im Wasserbad mit dem Schneebesen zunächst warm, dann mit dem Handrührgerät kalt und locker aufschlagen. Das Mehl unterheben und die aufgelöste warme Butter zugeben.

Die Masse in die Springform einfüllen und backen.

Die Blattgelatine im kalten Wasser einweichen.
Die Himbeeren vorsichtig mit kaltem Wasser abbrausen und gut abtropfen lassen.
Den ausgekühlten Boden aus der Springform nehmen. Das Backtrennpapier abziehen. Den Boden auf eine Platte legen und den Tortenring darumstellen. Einen Streifen Backtrennpapier in den leicht gefetteten Rand der Form legen.

Die Sahne ohne Zucker steif schlagen. Die Himbeeren in einer Schüssel mit dem Zucker, dem Abgeriebenen und dem Saft einer Zitrone vermischen. Die Blattgelatine mit einigen Tropfen Wasser auflösen, bzw. gut warm werden lassen und unter die Himbeeren rühren.
Den Joghurt dazugeben und die geschlagene Sahne darunterheben.
Die Masse einfüllen und ca. 3 Stunden kühl stellen.

Sahnesteif auf die Oberfläche streuen. Dadurch bekommen die Himbeeren einen Halt und rutschen beim Anschneiden nicht vom Tortenstück.
Schöne reife Himbeeren dicht auflegen; mit rotem Tortenguß abglänzen und den Springformring abnehmen.

Fürst Pückler-Eistorte

Auf die Schokoladenmasse mit den Florentinern die Erdbeersahne gleichmäßig aufstreichen.

Die Vanillemasse vorsichtig auftragen und die Torte ins Tiefkühlfach stellen.

Boden:

150 g Löffelbiskuits

Füllung:

50 g Florentiner, fertig gekauft
250 g Erdbeeren
120 g Zucker
Saft einer halben Zitrone
200 g Zartbitter-Kuvertüre
das Mark einer Vanilleschote

Eiermasse:

3 Eier
6 Eigelb
200 g Zucker
600 g Sahne

Für die Garnitur:

250 g Sahne
20 g Zucker
Belegkirschen oder Erdbeeren

Zubereitung

Trennpapier auf eine Platte legen, einen Springformring mit Papier auslegen, daraufstellen. Fertig gekaufte Biskuits als Boden eng aneinanderlegen.

Fertig gekaufte Florentiner fein hacken.
Erdbeeren mit der Gabel zerdrücken, Zucker und Zitronensaft zugeben.
Zartbitter-Kuvertüre fein schneiden und im Wasserbad auflösen.
Eier, Eigelb und Zucker im Wasserbad warm, dann mit der Küchenmaschine kalt und locker aufschlagen. Sahne ohne Zucker steif schlagen und unter die Eiermasse geben.
1/3 der Eier-Sahne-Masse in die Kuvertüre geben und glattrühren. Die geschnittenen Florentiner unterheben und auf die Löffelbiskuits auftragen. Das zweite Drittel der Eier-Sahne-Masse unter die Erdbeeren rühren, auf der Schokoladenmasse verteilen und glattstreichen.
Das Mark der Vanilleschote unter die restliche Masse rühren und vorsichtig auf der Erdbeermasse verteilen. Die Torte in das Tiefkühlfach stellen und über Nacht gefrieren lassen.
Kurz vor dem Servieren herausnehmen.

Die Sahne für die Garnitur schlagen und mit einem Spritzbeutel mit Sterntülle Rosetten aufspritzen. Je eine halbe Belegkirsche oder halbe Erdbeere als Garnitur auflegen.

Eistorte »Grand Marnier«

Aufgeschlagene Eier und geschlagene Sahne mit Gelatine und Grand Marnier zusammenrühren.

In die vorbereitete Schüssel gießen.

Löffelbiskuits eng auflegen und die Schüssel ins Gefrierfach stellen.

Mit Kuvertüre übergießen und Orangeat aufstreuen.

Eiermasse:

3 Eier
5 Eigelb
200 g Zucker
1 Blatt Gelatine
500 g Sahne
100 ml Grand Marnier

Für den Boden:

150 g Löffelbiskuits

Zum Überziehen:

250 g Zartbitter-Kuvertüre

Als Garnitur:

80 g gewürfeltes Orangeat

Form:

Eine Schüssel für ca. 2 1/2 l Inhalt

Zubereitung

Eier, Eigelb und Zucker mit dem Schneebesen im Wasserbad warm, dann mit dem Rührgerät kalt und locker aufschlagen.

Blattgelatine in kaltem Wasser einweichen.
Sahne ohne Zucker steif schlagen. In einer Kasserolle die ausgedrückte Gelatine mit dem Grand Marnier auf der Feuerstelle auflösen. Mit etwas Sahne anrühren.

Die restliche Sahne und die Eiermasse darunterheben; in eine Schüssel gießen. Fertig gekaufte Löffelbiskuits eng nebeneinander als Boden auflegen. Die Schüssel über Nacht ins Gefrierfach stellen.

Zartbitter-Kuvertüre fein schneiden und im Wasserbad auflösen. Die Schüssel mit der Eistorte kurz in ein warmes Wasserbad stellen und auf ein Kuchengitter stürzen.
Mit der gut warmen Kuvertüre übergießen, ablaufen lassen, das gewürfelte Orangeat aufstreuen und die Torte sofort auf eine Platte setzen.
Bis zum Servieren im Tiefkühlfach belassen.

Eistorte »Grand Marnier«

Florentiner Torte

Die abgeröstete Florentinermasse in eine Springform oder Tortenring füllen und glattstreichen.

Alle Zutaten für die Fruchtfüllung in eine Schüssel geben und mit Rum übergießen.

Je 1/3 Fruchtfüllung auf die einzelnen Buttercreme-Schichten verteilen.

Den geschnittenen Florentinerboden fächerartig auflegen.

Zubereitungsschritte Biskuit siehe Seite 8.

Florentinerboden:

50 g Butter, 90 g Zucker
60 g Sahne, 40 g Honig
40 g gestiftelte Mandeln
90 g gehobelte Mandeln
30 g Zitronat
60 g rote Belegkirschen

Biskuitboden:

6 Eier
120 g Zucker
180 g Mehl
60 g Butter

Zum Tränken:

100 ml Wasser
2 TL Zucker
80 ml Rum

Buttercreme:

350 g Butter
350 g Pflanzenfett
150 g Puderzucker
4 Eier
das Mark einer Vanilleschote

Fruchtfüllung:

200 g Sauerkirschen
200 g Ananas
60 g Zartbitter-Kuvertüre
80 g Marzipan
100 g Aprikosenkonfitüre
60 g gestiftelte Mandeln
50 ml Rum

Form:

Springform 28 cm ⌀

Backzeit:

Elektro: 180° C 30 Minuten
Gas: 2—3   30 Minuten
Umluft: 170° C 25 Minuten

Zubereitung

Florentinerboden zubereiten:
Butter, Zucker, flüssige Sahne sowie Honig in eine kleine Kasserolle geben und aufkochen. Die gestifteten und gehobelten Mandeln mit dem gehackten Zitronat unterziehen, die kleingeschnittenen Belegkirschen zugeben und kurz abrösten.
Den Ring der Springform auf ein Blech mit Backtrennpapier legen und die Masse darin gleichmäßig verstreichen. Im heißen Ofen goldgelb backen. Noch in heißem Zustand den Ring abschneiden, abnehmen und den Florentinerboden in Stücke einteilen und diese durchschneiden.

Biskuitboden zubereiten:
Die Springform fetten und den Boden mit Trennpapier auslegen.

Eier und Zucker in einem Kessel im Wasserbad zunächst warm, dann mit dem Rührgerät kalt und locker aufschlagen. Das Mehl unterarbeiten, zum Schluß die flüssige warme Butter unterrühren. Die Masse in die Form füllen und backen.

Wasser, Zucker und Rum zum Tränken anrühren. Die Butter und das Fett für die Creme mit dem Puderzucker schaumig rühren. Nach und nach die Eier zugeben und das Mark der Vanilleschote.

Kompottkirschen abtropfen lassen, Ananas schälen und in kleine Stücke schneiden, Kuvertüre und Marzipan fein hacken und mit Aprikosenkonfitüre, gestiftelten Mandeln und Rum untereinander rühren. Den Biskuitboden dreimal quer durchschneiden. Das Unterteil auf eine Platte legen, mit der Tränke leicht abtupfen, dünn Creme und 1/3 der Fruchtfüllung aufstreichen. Eine Lage Biskuit auflegen und tränken. Diesen Arbeitsgang wiederholen, bis die Torte zusammengesetzt ist. Zum Schluß die Torte ganz mit Buttercreme einstreichen. Mittels eines Spritzbeutels mit Sterntülle von der restlichen Creme kleine Tupfen aufspritzen.
Den geschnittenen Florentinerboden fächerartig auflegen.

Florentiner Torte

Apfel-Rum-Sahnetorte

Zubereitung Biskuit siehe Seite 8.

Die blanchierten Äpfel auf dem Biskuit verteilen und Zimt darüberstreuen.

Die Rumsahne darüber verteilen und dünn Nüsse aufstreuen.

Biskuitboden:

3 Eier
60 g Zucker
90 g Mehl
30 g Butter

Füllung:

1 kg Äpfel
300 ml Wasser
100 g Zucker
Saft einer Zitrone
Zimtpulver

Sahnecreme:

200 ml Milch
3 Eier
120 g Zucker
6 Blatt Gelatine
50 ml Rum
500 ml Sahne

Als Garnitur:

1 Apfel
1 Päckchen weißer Tortenguß
30 g geriebene Nüsse
Zimt zum Bestäuben

Form:

Springform 28 cm ⌀

Backzeit:

Elektro: 180° C 18 Minuten
Gas: 2—3 18 Minuten
Umluft: 170° C 17 Minuten

Zubereitung

Eier und Zucker zunächst mit dem Schneebesen im Wasserbad warm, dann mit dem Rührgerät kalt und locker aufschlagen. Das Mehl unterheben, zum Schluß die flüssige warme Butter unterrühren. In die gebutterte Springform füllen und im vorgeheizten Ofen backen.

Äpfel schälen und Schnitze schneiden. Wasser mit Zucker und Zitronensaft aufkochen. Die Apfelstücke darin blanchieren; auf ein Gitter geben, abtropfen und auskühlen lassen.

Milch, Eier und Zucker im Wasserbad mit dem Handschneebesen cremig schlagen. In eine Schüssel geben und abkühlen lassen.

Den Biskuitboden aus der Form nehmen und auf eine Platte legen. Den mit Trennpapier ausgelegten Springformring darumstellen. Die blanchierten Äpfel auflegen und mit Zimt bestreuen.

Blattgelatine im kalten Wasser einweichen; Sahne steif schlagen. Die Blattgelatine in einer Kasserolle mit dem Rum auflösen, unter die Creme rühren und die Sahne darunterheben. Diese auf die Früchte geben, glattstreichen und dünn Nüsse aufstreuen.
Ca. 3 Stunden kühlen.

Einen Apfel mit Schale in Schnitze schneiden, diese mit weißem Tortenguß abglänzen und auflegen.

Den Springformring und das Papier entfernen. Die Torte seitlich und oben leicht mit Zimt bestäuben.

Schokoladen-Sahnetorte mit Birnen

Birnen auf dem Sacherboden verteilen.

Einen Teil Schokoladensahne auf den Birnen verteilen und den dünnen Deckel auflegen.

Die restliche Sahne daraufgeben, glattstreichen und kühl stellen.

Sacherboden:
60 g Zartbitter-Kuvertüre
60 g Butter
25 g Zucker
3 Eigelb
70 g Mehl
1 gestrichener TL Backpulver
50 g gehobelte Mandeln
5 Eiweiß
40 g Zucker

Belag:
1 Dose Birnen 850 ml (Einwaage)
200 g Zartbitter-Kuvertüre
750 g Sahne
100 ml Rum

Für die Garnitur:
Zartbitter-Kuvertüre für die Späne

Form:
Springform 28 cm ⌀

Backzeit:
Elektro: 180° C 25 Minuten
Gas: 2—3   25 Minuten
Umluft: 170° C 22 Minuten

Zubereitung

Kuvertüre fein schneiden und im Wasserbad auflösen.
Butter, Zucker und Eigelb mit der Küchenmaschine schaumig rühren.
Mehl, Backpulver und gehobelte Mandeln vermischen.
Eiweiß mit dem Zucker zu Schnee schlagen.

Die aufgelöste, sehr warme Kuvertüre mit dem Schneebesen in die schaumige Buttermasse rühren, anschließend Eiweiß und das Mehl unterheben. In die gebutterte und leicht bemehlte Form geben und glattstreichen.
In den vorgeheizten Ofen schieben und backen.

Den ausgekühlten Sacherboden aus der Form nehmen und eine dünne Lage von oben quer abschneiden. Das Unterteil auf eine Platte legen, den Ring der Springform fetten, mit einem Streifen Trennpapier auslegen und darumstellen.

Die gut abgetropften Dosenbirnen vierteln und auf dem Sacherboden verteilen. Kuvertüre im Wasserbad oder in der Mikrowelle auflösen — sie darf gut warm sein.

Sahne steifschlagen. Die Kuvertüre mit etwas Sahne und dem Rum glattrühren und die restliche Sahne unterheben. Knapp ein Drittel der Schokoladensahne auf die Birnen streichen und den dünnen Boden auflegen. Diesen kräftig mit dem Birnensaft aus der Dose tränken. Die restliche Sahne darüber verteilen und glattstreichen.
Dunkle Schokoladenspäne schaben und auflegen.
Ca. 2 Stunden kühlstellen.

Preiselbeer-Sahnetorte

Nach und nach die Eier unter die abgeröstete Brandmasse rühren.

Brandteigboden aufstreichen.

Sahne aufstreichen, frische Preiselbeeren aufstreuen.

Den obersten Boden mit Kuvertüre bestreichen und gestiftelte Mandeln aufstreuen.

Brandmasse:

350 ml Milch
80 g Butter
1 Prise Zucker
1 Prise Salz
210 g Mehl
7 Eier
1 Eigelb

Für die Garnitur:

30 g gestiftelte Mandeln

Sahnefüllung:

7 Blatt Gelatine
7 Eigelb
100 g Zucker
375 ml Milch

300 g Preiselbeerkonfitüre
700 ml Sahne
200 g frische Preiselbeeren

Zum Bestreichen:

250 g Zartbitter-Kuvertüre

Form:

Springform 28 cm ⌀

Backzeit:

Elektro: 180° C   35 Minuten
Gas: 2—3   35 Minuten
Umluft: 170° C 30 Minuten

Zubereitung

Milch, Butter, Zucker und Salz zum Kochen bringen. Unter ständigem Rühren das Mehl zugeben und ca. 1 Minute abrösten. Die abgeröstete Masse in eine frische Schüssel geben und auskühlen lassen. Die Eier einzeln mit dem Kochlöffel unter die Masse rühren. Nach jedem Ei die Masse mit dem Kochlöffel glattrühren.

Die Masse auf drei mit Trennpapier belegte Bleche in der Größe eines Springformringes aufstreichen. Nacheinander mit dem umstellten Ring in den vorgeheizten Ofen schieben und backen.

Mandelstifte auf dem Backblech verteilen und goldgelb rösten.

Blattgelatine im kalten Wasser einweichen.

Eigelb, Zucker und Milch in einem Kessel im Wasserbad cremig schlagen. Die ausgedrückte Blattgelatine darin auflösen und abkühlen lassen.

Zartbitter-Kuvertüre im Wasserbad auflösen. Den ersten Tortenboden auf eine Platte legen und mit der Kuvertüre einpinseln.

Preiselbeerkonfitüre mit einem Löffel darüber verteilen.

Den mit Papier ausgelegten Springformring darumstellen. Die Sahne steif schlagen und unter die fast kalte Creme rühren; die frischen Preiselbeeren zugeben.

Die Hälfte der Sahne auf dem Boden verteilen und den zweiten Boden auflegen. Die restliche Sahne daraufstreichen, den dritten Boden auflegen und die Torte kühlstellen.

Den Springformring und das Papier entfernen und den obersten Boden mit lauwarmer Kuvertüre bestreichen.

Die gerösteten Mandelstifte darüberstreuen und die Torte 2 Stunden kühlstellen.

Fränkische Weincremetorte

Rohmarzipan und Weinbrand unter die heiße Weincreme rühren.

Die Böden mit je 1/3 der heißen Weincreme zur Torte zusammensetzen.

Auf einem Kuchengitter mit Zartbitter-Kuvertüre überziehen.

Tortenböden:

7 Eigelb
50 g Zucker
7 Eiweiß
100 g Zucker
130 g Mehl
60 g Butter

Weincreme:

700 ml trockener Weißwein
(fränkischer Riesling)
200 g Zucker
60 g Puddingpulver
8 Eigelb
Saft von zwei Zitronen
250 g Marzipanrohmasse
150 ml Weinbrand

Zum Einstreichen:

150 g Aprikosenkonfitüre

Zum Bedecken:

300 g Marzipanrohmasse
50 g Puderzucker

Glasur:

300 g Zartbitter-Kuvertüre

Für die Garnitur:

16 Weintrauben

Form:

Springform 28 cm ⌀

Backzeit:

Elektro: 180° C   12 Minuten
Gas: 2—3   12 Minuten
Umluft: 170° C 10 Minuten

Zubereitung

Die Springform fetten und den Boden mit Backtrennpapier auslegen. Eigelb und Zucker schaumig rühren. Eiweiß und Zucker zu einem cremigen Schnee schlagen, beide Eimassen zusammengeben. Mit einem Kochlöffel das Mehl untermischen, zum Schluß die flüssige warme Butter einarbeiten.
Die Hälfte dieser Masse in die Springform füllen und backen.
Den gebackenen Boden sofort aus der Form nehmen. Die restliche Masse einfüllen und den zweiten Boden backen.

Nach dem Auskühlen jeden Boden einmal quer durchschneiden.
Ein Unterteil auf eine Platte legen und den Ring der Springform darumstellen. Leicht fetten und mit einem Streifen Trennpapier auslegen.

In eine Kasserolle Weißwein, Zucker, Puddingpulver, Eigelb und Zitronensaft geben und unter ständigem Rühren aufkochen. Die Rohmarzipanmasse und den Weinbrand zugeben und glattrühren.

1/3 der heißen Weißweincreme auf den ersten Biskuitboden geben, glattstreichen und den zweiten Boden auflegen. Dies wiederholen, bis die Torte zusammengesetzt ist.
3—4 Stunden kühlstellen.
Die Torte aus der Springform lösen. Dünn mit Aprikosenkonfitüre einstreichen. Marzipanrohmasse mit dem Puderzucker glattarbeiten und mit etwas Puderzucker dünn ausrollen; die Torte damit eindecken, Reste aufheben.

Kuvertüre fein schneiden. Im Wasserbad oder in der Mikrowelle auflösen. Die Torte auf ein mit Trennpapier belegtes Kuchengitter setzen. Mit Kuvertüre übergießen und glattstreichen.
Auf die Tortenplatte zurücksetzen und mit einem angewärmten Messer in Stücke teilen.
Aus dem restlichen Marzipan Kugeln drehen, etwas flachdrücken und auf die Tortenstücke legen. Die Trauben zur Hälfte in Kuvertüre tauchen und auf die Marzipankugeln setzen.

Fränkische Weincremetorte

Walnuss-Sahnetorte

Auf dem halbierten Walnußboden Kirschen und Walnüsse verteilen.

Die restliche Sahne verteilen, glattstreichen und die Torte kühl stellen.

Die Torte ganz mit Marzipan bedecken.

Walnußboden:

60 g Walnüsse
60 g Mehl
1 Messerspitze Zimt
50 g Semmelbrösel
60 g Butter
70 g Marzipanrohmasse
40 g Zucker
7 Eigelb
7 Eiweiß
100 g Zucker

Zum Tränken:

20 ml Wasser
1 TL Zucker
40 ml Rum

Sahnefüllung:

6 Blatt Gelatine
800 ml Sahne
50 g Zucker
70 ml Rum

Zum Einstreuen:

60 g Walnüsse
250 g Sauerkirschen, entsteint

Zum Bedecken:

250 g Marzipan
100 g Puderzucker

Für die Garnitur:

Spritzschokolade
14 halbe Walnüsse

Form:

Springform 28 cm ⌀

Backzeit:

Elektro: 180° C 35 Minuten
Gas: 2—3   35 Minuten
Umluft: 170° C 25 Minuten

Zubereitung

Die Walnüsse mit dem Rollholz zerkleinern, mit dem Mehl, Zimt und den Semmelbröseln gut vermischen.
Die Butter etwas anwärmen. Marzipanrohmasse, Zucker und Eigelb mit der Küchenmaschine schaumig rühren. Eiweiß mit dem Zucker zu Schnee schlagen. Beide Massen vorsichtig zusammenrühren und die Mehlmischung unterarbeiten.
In die gebutterte Springform füllen und backen.

Wasser, Zucker und Rum für die Tränke anrühren.
Blattgelatine im kalten Wasser einweichen. Sahne und Zucker steifschlagen. Gelatine mit dem Rum auf der Feuerstelle auflösen und unter die Sahne rühren.

Den Nußboden einmal durchschneiden. Das Unterteil auf eine Platte legen und den Ring der Springform, mit Papier ausgelegt, darumstellen. 1/3 der Sahne aufstreichen, Walnüsse und Kirschen darauf verteilen. Den Boden auflegen und tränken. Die restliche Sahne einfüllen und die Torte kalt stellen.
Nach ca. 4 Stunden den Springformring abnehmen.

Marzipan mit dem Puderzucker durchkneten und mit etwas Puderzucker dünn ausrollen. Die Torte damit ganz eindecken. Spritzschokolade kreisförmig aufspritzen und auf jedes Tortenstückchen eine halbe Walnuß legen.

Herbst-Blätter-Sahnetorte

Sechs Nuß-Baiserböden aufstreichen und backen.

Die gebackenen Böden vorsichtig mit Kuvertüre bestreichen.

Die Torte zusammensetzen, die Böden leicht andrücken.

Garnieren.

Nußböden:

150 g Haselnüsse, gerieben
100 g Semmelbrösel
2 Messerspitzen Zimt
90 g Butter
8 Eiweiß
250 g Zucker

Zum Bestreichen:

250 g Zartbitter-Kuvertüre

Füllung:

3 Blatt Gelatine
1 l Sahne
100 g Zucker
das Mark einer Vanilleschote
30 ml Rum

Für die Garnitur:

Kakaopulver
14 ganze Haselnüsse

Form:

Backblech mit vorgezeichnetem Backpapier

Backzeit:

Elektro: 180° C 10 Minuten
Gas: 2—3 10 Minuten
Umluft: 170° C 8 Minuten

Zubereitung

Geriebene Haselnüsse, Semmelbrösel und Zimt vermischen.
Butter in einer Kasserolle auf der Feuerstelle auflösen. Eiweiß und Zucker zu einem cremigen Schnee schlagen. Die Haselnußmischung unter den Eischnee heben, zum Schluß die flüssige warme Butter unterarbeiten.

Die Nuß-Baisermasse gleichmäßig auf sechs Tortenböden verteilen und glattstreichen (⌀ 28 cm, Backtrennpapier mit aufgezeichnetem Kreis ist im Fachhandel erhältlich). Im heißen Backofen jeweils zwei Böden übereinander backen.
Auf dem letzten Blech ca. 14 Haselnüsse für die Garnitur mitrösten.

Kuvertüre im Wasserbad oder in der Mikrowelle auflösen. Die kalten Böden dünn und vorsichtig mit einem Pinsel damit bestreichen.

Blattgelatine im kalten Wasser einweichen.

Sahne mit dem Zucker steif schlagen. Das Mark der Vanilleschote zugeben. Die ausgedrückte Gelatine mit dem Rum in einer Kasserolle auflösen und unter die Sahne rühren. Etwas Sahne für die Garnitur in einen Spritzbeutel mit großer Sterntülle füllen.
Einen Boden auf eine Platte legen und die Torte mit der Sahne zusammensetzen, jeden Boden nach dem Auflegen leicht andrücken.
Die Torte ganz mit Sahne einstreichen, mit dem Spritzbeutel garnieren und ca. 2 Stunden kühlstellen. Zart mit Kakaopulver übersieben und die ganzen Haselnüsse auflegen.

Die Böden dieser Torte sind sehr dünn und etwas empfindlich. Der Genuß dieser zartblätterigen Torte wiegt das vorsichtige Arbeiten um ein Vielfaches auf.

Böhmische Nusstorte

Zubereitung Biskuit siehe Seite 8.

Die abgeriebenen Haselnüsse im karamelisierten Zucker kräftig durchrühren.

Mit einem Löffel je zur Hälfte das Pflaumenmus auf den mit Nougatsahne bestrichenen Böden verteilen.

Die karamelisierten Haselnüsse mit einem Rollholz grob zerstoßen und die Torte damit bestreuen.

Haselnußboden:

100 g Mehl
20 g Haselnüsse, gerieben
1 Messerspitze Zimt
1 Messerspitze Backpulver
4 Eier
75 g Zucker
40 g Butter

Zum Karamelisieren:

80 g Zucker
10 g Butter
150 g Haselnüsse

Zum Tränken:

80 ml Wasser
1 TL Zucker
50 ml Rum

Sahnefüllung:

4 Blatt Gelatine
750 ml Sahne
60 g Zucker
100 g Nougat
50 ml Rum

Zum Einstreichen:

250 g Pflaumenmus

Form:

Springform 28 cm ⌀

Backzeit:

Elektro: 180° C 20 Minuten
Gas: 2—3   20 Minuten
Umluft: 170° C 18 Minuten

Zubereitung

Die Springform fetten und den Boden mit Backtrennpapier auslegen. Mehl, geriebene Haselnüsse, Zimt und Backpulver vermischen. Eier und Zucker zunächst mit dem Schneebesen im Wasserbad warm, dann mit dem Rührgerät kalt und locker aufschlagen. Die Mehlmischung unterheben, zum Schluß die flüssige warme Butter. In die Form füllen und backen.

Die ganzen Haselnüsse für die Garnitur auf einem Blech rösten, bis sich die Schale löst.

Zum Karamelisieren den Zucker in eine Pfanne geben und unter ständigem Rühren schmelzen. Wenn er goldgelb und aufgelöst ist, die Butter zugeben. Weiterrühren, bis beides glatt abgebunden ist. Die abgeriebenen Haselnüsse zugeben, mehrmals kräftig durchrühren. Auf ein Backblech geben, dünn auftragen und abkühlen lassen.

Wasser, Zucker und Rum für die Tränke anrühren.
Blattgelatine im kalten Wasser einweichen.
Den Haselnußboden dreimal durchschneiden. Das Unterteil auf eine Platte legen und den gefetteten, mit Backpapier ausgelegten Springformring darumstellen.

Für die Füllung Sahne mit dem Zucker steif schlagen.
Nougat in einen Kessel geben, im Wasserbad leicht anwärmen und glattrühren.
Die ausgedrückte Gelatine mit dem Rum in einer Kasserolle auflösen, mit etwas Sahne unter den Nougat rühren. Die restliche Sahne darunterheben.
Mit einem Pinsel die Tränkflüssigkeit auf dem Boden auftragen und 1/4 der Sahne darauf verteilen.
Mit einem Löffel 1/3 des Pflaumenmuses auf der Sahne verteilen.
Dies wiederholen, bis die Torte zusammengesetzt ist. Die Torte kühl stellen.
Den Springformrand abnehmen.
Die karamelisierten Nüsse mit dem Rollholz grob zerstoßen und die Torte damit bestreuen.

Nougattorte

Auf den unteren Boden Creme aufstreichen.

Nougat schneiden und auflegen. Boden auflegen, tränken und nur mit Creme zusammensetzen.

Nußboden:

60 g Mehl
60 g gemahlene Haselnüsse
50 g Semmelbrösel
1 gehäufter TL Kakaopulver
1 Messerspitze Zimt
60 g Butter
40 g Zucker
70 g Marzipanrohmasse
7 Eigelb
das Mark einer Vanilleschote
7 Eiweiß
100 g Zucker

Zum Bestreuen:

50 g gehobelte Haselnüsse oder Mandeln

Nougatcreme:

250 g Zartbitter-Kuvertüre
130 g Sahne
250 g Nußnougat
200 g Butter

Zum Tränken:

80 ml Wasser
1 TL Zucker
60 ml Rum

Für die Garnitur und als Einlage:

300 g Nußnougat, dunkel

Form:

Springform 28 cm ⌀

Backzeit:

Elektro: 180° C 35 Minuten
Gas: 2—3   35 Minuten
Umluft: 170° C 30 Minuten

Zubereitung

Das Mehl, die gemahlenen Haselnüsse, die Semmelbrösel, das Kakaopulver und den Zimt vermischen. Zimmerwarme Butter mit Zucker, Marzipan, Eigelb und dem Mark der Vanilleschote schaumig rühren.

Eiweiß mit dem Zucker zu einem cremigen Schnee schlagen.

Beide Massen zusammengeben und die Mehlmischung darunterheben. In die gebutterte Springform füllen und backen.

Die gehobelten Haselnüsse oder Mandeln auf ein Backblech verteilen und goldgelb rösten.

Zartbitter-Kuvertüre fein hacken. Die flüssige Sahne in einem Kessel aufkochen, von der Feuerstelle nehmen und die Kuvertüre darin auflösen. Zum Schluß den Nougat zugeben, glattrühren und abkühlen lassen.

Den Nußbiskuitboden zweimal durchschneiden.
Der Creme die Butter zugeben und mit der Küchenmaschine schaumig rühren.

Für die Tränke das Wasser, den Zucker und den Rum gut verrühren.

Den untersten Boden der Nougattorte auf eine Platte legen und mit der Tränkflüssigkeit einpinseln. Vom Nougatstück 16 Rauten oder Streifen für die Garnitur abschneiden. Den Boden mit Creme bestreichen, den restlichen geschnittenen Nougat auflegen und den zweiten Boden darübergeben. Diesen wieder tränken, Creme aufstreichen, den dritten Boden auflegen und die restliche Tränke darauf verteilen.
Die Torte mit der Creme ganz einstreichen. Die restliche Creme in einen Spritzbeutel füllen und Rosetten aufspritzen.
Die geschnittene Garnitur auflegen und mit den gerösteten und gehobelten Haselnüssen oder Mandeln bestreuen.

Nougattorte

ORANGENTRAUM

Die Schale der Orange dick abschälen und die Frucht in Scheiben oder Filets schneiden.

Früchte auf dem Boden verteilen und Schokoladensahne aufstreichen.

Auf dem getränkten Nußboden die Cointreausahne glattstreichen.

Nußboden:

130 g Stärkepuder
330 g geriebene Haselnüsse
1 Messerspitze Zimt
1 Prise Salz
das Mark einer halben Vanilleschote
110 g Butter
10 Eiweiß, 350 g Zucker

Zum Einlegen:

3 Orangen, kernlos

Schokoladen-Sahne:

100 g Zartbitter-Kuvertüre
220 g Sahne

Zum Tränken:

60 ml Cointreau

Orangensahne:

2 Blatt Gelatine
400 g Sahne
30 g Zucker
50 ml Cointreau

Für die Garnitur:

2 kleine Orangen
1 Päckchen weißer Tortenguß
Späne von Vollmilch- oder Zartbitter-Kuvertüre

Form:

Springform 28 cm ⌀

Backzeit:

Elektro: 170° C 50 Minuten, auf der untersten Schiene
Gas: 2   50 Minuten
Umluft: 160° C 45 Minuten

Zubereitung

Stärkepuder, geriebene Haselnüsse, Zimt, Salz und das Vanillemark vermischen.
Butter in einer Kasserolle auflösen. Eiweiß und Zucker zu einem cremigen Schnee schlagen. Die Nußmischung mit dem Kochlöffel unterheben, zum Schluß die flüssige Butter untermischen. In eine am Boden mit Backtrennpapier ausgelegte Springform füllen und den Boden auf der untersten Schiene kräftig ausbacken.

Nach dem Auskühlen den Boden aus der Form nehmen und einmal quer durchschneiden. Das Unterteil auf eine Platte legen und den gefetteten und mit Papier ausgelegten Springformring darumstellen.

Die Orangen mit dem Messer dick abschälen, so, daß die weiße Haut völlig entfernt ist; in Scheiben schneiden und diese auf dem Boden verteilen.

Für die Schokoladensahne die Kuvertüre im Wasserbad oder in der Mikrowelle auflösen. Die Sahne schlagen, etwas Schlagsahne in die Kuvertüre geben und glattrühren. Die restliche Sahne unterheben, auf den Früchten verteilen und glattstreichen.
Das Oberteil des Bodens auflegen und mit Cointreau beträufeln.

Für die Orangensahne die Blattgelatine im kalten Wasser einweichen. Die Sahne schlagen, zum Schluß den Zucker beigeben. In einer Kasserolle die ausgedrückte Gelatine zusammen mit dem Cointreau auf der Feuerstelle auflösen. Mit dem Schneebesen unter die Sahne rühren. Auf dem zweiten Boden verteilen und glattstreichen.

Für die Garnitur die Orangen schälen, in Scheiben schneiden und als Kranz auflegen.

Ca. 3 Stunden kühlstellen.
Die Orangenscheiben mit weißem, etwas abgekühlten Tortenguß glasieren.
Vollmilch- oder Zartbitter-Schokoladenspäne in der Mitte der Torte auflegen.

Pralinen-Torte

Zubereitung Biskuit siehe Seite 8.

Den untersten Boden mit Orangenkonfitüre bestreichen oder Ingwer aufstreuen.

Die Kuvertüre mit Rum und einem Teil Sahne anrühren. Die restliche Sahne und Eiermasse unterheben.

Das Oberteil des Bodens in Stücke geschnitten in der Mitte auflegen.

Mit Schokoladen-Mousse einstreichen, ein Teil in die Mitte legen, so daß eine Kuppel geformt werden kann.

Tortenboden:

150 g Mehl
20 g Kakaopulver
1 gehäufter Teelöffel Backpulver
6 Eier
120 g Zucker
60 g Butter

Zum Tränken:

150 ml Wasser
1 Teelöffel Zucker
60 ml Rum

Zum Bestreichen:

250 g Orangenkonfitüre oder 200 g gehackter, kandierter Ingwer

Schokoladen-Mousse:

400 g Zartbitter-Kuvertüre
2 Eier
2 Eigelb
400 ml Sahne
20 ml Rum

Zum Dekorieren:

Kakaopulver

Form:

Springform 28 cm ⌀

Backzeit:

Elektro: 180° C 25 Minuten
Gas: 2—3   25 Minuten
Umluft: 170° C 23 Minuten

Zubereitung

Die Springform fetten und den Boden mit Backtrennpapier auslegen. Mehl, Kakaopulver und Backpulver vermischen. Eier und Zucker zuerst mit dem Schneebesen im Wasserbad warm, dann mit dem Rührgerät kalt und locker aufschlagen. Die Mehlmischung unterheben, zum Schluß die flüssige warme Butter zugeben. In die Form füllen und im vorgeheizten Backofen backen.

Wasser, Zucker und Rum für die Tränke verrühren.
Den ausgekühlten Schokoladenboden zweimal quer durchschneiden; das Unterteil auf eine Platte legen und mit der Tränke gut befeuchten. Mit Orangenkonfitüre bestreichen oder mit fein gehacktem Ingwer bestreuen.

Für die Schokoladen-Mousse die Kuvertüre im Wasserbad oder in der Mikrowelle auflösen.

Eier und Eigelb mit dem Schneebesen im Wasserbad warm, danach mit der Küchenmaschine kalt schlagen. Die Sahne ohne Zucker steifschlagen.
Den Rum in die Kuvertüre geben und mit etwas Sahne glattrühren, evtl. auf der Feuerstelle nachwärmen.
Die Eiermasse und die Sahne darunterheben und glattrühren.

Etwas Schokoladen-Mousse auf den untersten Boden streichen. Das Oberteil des Bodens in vier Stücke teilen. Drei Teile kräftig getränkt nebeneinander auf die Torte legen und mit Schokoladen-Mousse bestreichen.
Das vierte Teil in der Mitte auflegen. Den mittleren Boden daraufgeben und mit der restlichen Schokoladen-Mousse zu einer schönen Kuppel aufstreichen.
Mit dem Messer Spitzen hochziehen.
Ca. 3 Stunden kühlstellen und zart mit Kakaopulver übersieben.

Bananen-Schokoladentorte

Schokoladensahne, Vanillesahne und Bananen zusammengeben.

Die Bananen vorsichtig unterheben, damit die Sahne streifig bleibt.

Die Hälfte auf den Boden streichen und den Schokoladen-Biskuit auflegen.

Mit der restlichen Sahne glattstreichen.

Schokoladenboden:

40 g Mehl, 30 g Kakaopulver
5 Eigelb, 30 g Zucker
20 ml Wasser
5 Eiweiß, 100 g Zucker

Sahnefüllung:

1 l Sahne, 60 g Zucker
2 mittelgroße Bananen

Vanillesahne:

2 Blatt Gelatine
das Mark einer Vanilleschote

Schokoladensahne:

120 g Zartbitter-Kuvertüre

Zum Tränken:

80 ml Wasser
1 TL Puderzucker
30 ml Rum

Für die Garnitur:

1 schöne Banane
200 ml Sahne
20 g Zucker
geschabte Kuvertüre

Form:

Springform 28 cm ⌀

Backzeit:

Elektro: 180° C 25 Minuten
Gas: 2—3   25 Minuten
Umluft: 170° C 22 Minuten

Zubereitung

Mehl und Kakaopulver vermischen. Eigelb, Zucker und Wasser schaumig rühren. Eiweiß und Zucker zu einem cremigen Schnee schlagen. Beide Massen zusammengeben und das vermischte Mehl mit dem Kochlöffel unterarbeiten.
In die gebutterte Springform füllen, in den heißen Ofen schieben und backen.

Den Schokoladenboden nach dem Auskühlen einmal quer durchschneiden. Das Unterteil auf eine Platte legen, den Ring der Springform, mit Trennpapier ausgelegt, darumstellen.

Wasser, Puderzucker und Rum anrühren und mit einem Pinsel den Boden befeuchten.
Die Blattgelatine im kalten Wasser einweichen. Die Kuvertüre in der Mikrowelle oder im Wasserbad auflösen.
Bananen schälen und in kleine Stücke schneiden.
Die Sahne mit dem Zucker steif schlagen.

Vanillesahne:
Die Hälfte der Sahne und das Mark der Vanilleschote in eine Schüssel geben. Die Blattgelatine in einer Kasserolle auflösen und unter die Sahne rühren.

Schokoladensahne:
Vom zweiten Teil der Sahne etwas in die Kuvertüre geben und kräftig durchrühren. Den Rest darunterheben.

Die Vanille- und die Schokoladensahne mit den Bananen zusammengeben und mit einem Kochlöffel streifenförmig vermischen. Die Hälfte der marmorierten Sahne auf den Tortenboden geben und glattstreichen. Den zweiten Schokoladenboden auflegen und tränken. Die restliche Sahne darüber verstreichen und die Torte ca. 2 Stunden kühl stellen.

Für die Garnitur die ungeschälte Banane im warmen Wasser abwaschen und abtrocknen. Mit der Schale schräg in dünne Scheiben schneiden und leicht mit Zitronensaft beträufeln.

Die Sahne für die Garnitur schlagen und mit einem Spritzbeutel Rosetten aufspritzen. Die Bananenscheiben auflegen. In die Mitte etwas geschabte Kuvertüre auftragen.

Rum-Schokoladentorte

Zubereitung Biskuit siehe Seite 8.

Rosinen mit Rum übergießen, abdecken und über Nacht ziehen lassen.

Mit Schokoladencreme füllen und darauf die Rumrosinen verteilen.

Die gerösteten Mandelstifte mit Kuvertüre mischen und kaffeelöffelweise auf ein Backtrennpapier verteilen.

Rumrosinen:

200 g Rosinen, 200 ml Rum

Schokoladenboden:

*210 g Mehl, 20 g Kakaopulver
1 gehäufter Teelöffel Backpulver
8 Eier, 150 g Zucker, 80 g Butter*

Schokoladencreme:

*250 g Butter
200 g Pflanzenfett
3 Eier, 120 g Zucker
das Abgeriebene einer halben Zitrone
das Mark einer halben Vanilleschote
150 g Zartbitter-Kuvertüre*

Zum Tränken:

*50 g Puderzucker
250 ml Wasser, 130 ml Rum*

Für Überzug und Garnitur:

*300 g Zartbitter-Kuvertüre
100 g gestiftelte Mandeln*

Form:

Springform 28 cm ⌀

Backzeit:

Elektro: 180° C 35 Minuten
Gas: 2—3   35 Minuten
Umluft: 170° C 31 Minuten

Zubereitung

Einen Tag vorher die Rosinen in eine Schüssel geben, mit Rum übergießen, abdecken und kühlstellen. Mehl, Kakaopulver und Backpulver vermischen. Eier und Zucker zunächst mit dem Schneebesen im Wasserbad warm, danach mit dem Rührgerät kalt und locker aufschlagen. Mit dem Kochlöffel die Mehlmischung unterheben, zum Schluß die flüssige warme Butter zugeben. Die Masse in eine gebutterte, am Boden mit Backtrennpapier ausgelegte Springform geben und backen.
Die gestiftelten Mandeln auf ein Backblech legen und goldgelb rösten.
Für die Creme die zimmerwarme Butter und das Pflanzenfett mit dem Rührgerät schaumig rühren. Eier und Zucker zuerst im Wasserbad warm, dann mit der Küchenmaschine kalt schlagen. Das Abgeriebene einer halben Zitrone und das Mark einer halben Vanilleschote zugeben.
Beide Massen zusammengeben. Die Kuvertüre in der Mikrowelle oder im Wasserbad auflösen und unter die Buttercreme rühren.
Für die Tränke den Puderzucker und das Wasser gut verrühren, den Rum zugeben.
Den ausgekühlen Schokoladenboden dreimal quer durchschneiden. Die unterste Lage auf eine Platte legen, mit einem Pinsel leicht mit der Tränke abtupfen. Knapp 1/4 der Schokoladencreme aufstreichen, mit einem Löffel 1/3 der Rumrosinen über die Creme verteilen. Den zweiten Schokoladenboden auflegen. Diese Arbeitsgänge wiederholen, bis die Torte zusammengesetzt ist.
Mit der restlichen Creme die Torte ganz einstreichen und kühlstellen. Die Kuvertüre für den Überzug kleinschneiden und vorsichtig im Wasserbad auflösen.
Die Torte auf ein Kuchengitter legen, unter dem eine Folie zum Auffangen der abgetropften Kuvertüre liegt. Die Kuvertüre auf die Torte gießen und mit einem breiten Messer glattstreichen. An der Seite gegebenenfalls etwas nachstreichen. Auf die Platte zurücksetzen.
Die abgelaufene Kuvertüre nochmals auf *Blutwärme* (siehe Seite 14) erwärmen. Die gerösteten Mandelsplitter daruntergeben. Mit einem Teelöffel kleine Häufchen auf ein Trennpapier setzen und nach dem Erkalten die Torte damit verzieren.

Williamstorte

Zubereitung Biskuit siehe Seite 8.

Kuvertüre als Boden auf Trennpapier gießen und sofort den Tortenboden auflegen und festdrücken.

Die Tränke mit einem Pinsel gleichmäßig auf dem Boden verteilen.

Aus einem Marzipanstrang Birnen modellieren, mit Kuvertüre überziehen und auflegen.

Biskuitboden:

8 Eier
150 g Zucker, 240 g Mehl
100 g Butter

Zum Einstreuen:

100 g gehobelte Mandeln

Zum Tränken:

300 ml Wasser
100 g Puderzucker
350 ml Williamsgeist 40 % Vol.

Buttercreme:

150 g Butter
150 g Pflanzenfett
100 g Puderzucker
1 Ei
1 Eigelb
das Mark einer halben Vanilleschote

Marzipanbirnen:

300 g Marzipanrohmasse

Zum Überziehen und für den Boden:

250 g Zartbitter-Kuvertüre

Form:

Springform 28 cm ⌀

Backzeit:

Elektro: 180° C 30 Minuten
Gas: 2—3 30 Minuten
Umluft: 170° C 25 Minuten

Zubereitung

Die Springform fetten und den Boden mit Backtrennpapier belegen. Butter in einer Kasserolle auflösen.

Eier und Zucker zunächst mit dem Schneebesen im Wasserbad warm, danach mit dem Rührgerät kalt und locker schlagen. Mit einem Kochlöffel das Mehl unter die Eiermasse heben; zum Schluß die warme Butter unterarbeiten.

In die Springform füllen und backen. Nach dem Backen den Tortenboden noch heiß mit der Form stürzen, damit er oben glatt bleibt.

Mandelblättchen auf ein Backblech verteilen und goldgelb rösten.
Den ausgekühlen Biskuitboden aus der Form nehmen und das Papier abziehen.
Für die Garnitur das Marzipan zu einem Strang rollen. In 16 Stücke einteilen und jedes Stück zu einer Birne modellieren.
1/3 eines Zahnstochers an die Stelle des Stieles einstechen.

Die Zartbitter-Kuvertüre fein hacken und in der Mikrowelle oder im Wasserbad auflösen. Die Temperatur darf nicht über *Blutwärme* (siehe Seite 14) steigen.
Die Birnen in die Kuvertüre tauchen, abtropfen lassen und auf Trennpapier legen.
Den Springformring auf ein Backtrennpapier legen und die restliche Kuvertüre als Boden eingießen. Sofort den Tortenboden auf die noch flüssige Kuvertüre legen und festdrücken.

Für die Tränke den Puderzucker im Wasser auflösen und den Williamsgeist zugeben. Mit einem Pinsel die gesamte Flüssigkeit langsam und gleichmäßig auf den Tortenboden auftragen und diesen durchziehen lassen.

Butter und Pflanzenfett mit dem Rührgerät glattrühren.
Eier, Puderzucker und das Mark einer halben Vanilleschote zugeben und schaumig schlagen. Den Tortenboden mit dem Schokoladenfuß vorsichtig aus dem Ring schneiden. Die Torte mit Creme ganz einstreichen. Mit den gehobelten, gerösteten Mandeln oben und an der Seite einstreuen.
Für jedes Stück eine Schokoladenbirne auflegen. Ganz zart mit Puderzucker übersieben oder mit Spritzschokolade überspritzen.

WHISKYTORTE

Zubereitung Biskuit siehe Seite 8.

Die restliche Sahne unter die mit der Eiermasse und Whisky angerührte Kuvertüre heben.

Den getränkten Schokoladenboden mit Mousse bestreichen und gestiftelte Mandeln aufstreuen.

Die Torte ganz mit Schokoladen-Mousse einstreichen.

Schokoladenboden:

8 Eier
150 g Zucker
210 g Mehl
20 g Kakaopulver
20 g Mandelblättchen
1 gehäufter Teelöffel Backpulver
80 g Butter

Zum Aufstreuen:

30 g gestiftelte Mandeln

Zum Tränken:

100 ml Wasser
50 g Puderzucker
250 ml Whisky

Schokoladen-Mousse:

500 g weiße Kuvertüre
2 Eier
3 Eigelb
600 g Sahne
80 ml Whisky

Zum Dekorieren:

Schokoladenspäne von Zartbitter-Kuvertüre

Zubereitung

Den Boden der gefetteten Springform mit Backtrennpapier auslegen. Eier und Zucker zunächst mit dem Schneebesen im Wasserbad warm, danach mit dem Rührgerät kalt und locker aufschlagen. Mit einem Kochlöffel das Mehl, Kakaopulver, die Mandelblättchen und das Backpulver unterheben. Zum Schluß die flüssige Butter dazugeben.

In die Form füllen, glattstreichen und backen.

Die gestiftelten Mandeln auf ein Backblech geben und goldgelb rösten.

Für die Tränke den Puderzucker im Wasser auflösen und den Whisky zugeben. Den Schokoladenboden aus der Form stürzen und das Papier abziehen. Zweimal quer durchschneiden und die unterste Lage auf eine Platte legen.

Form:

Springform 28 cm ⌀

Backzeit:

Elektro: 180° C 35 Minuten
Gas: 2—3   35 Minuten
Umluft: 170° C 31 Minuten

WHISKYTORTE

Für die Schokoladen-Mousse die weiße Kuvertüre in einem Kessel im Wasserbad auflösen. Sie muß gut warm sein: ca. 40° C. Eier und Eigelb zuerst im Wasserbad warm und dann mit dem Rührgerät weiterschlagen, bis die Masse kalt ist.
Die Sahne ohne Zucker schlagen.
Einen Teil der Eiermasse, den Whisky und etwas geschlagene Sahne in die Kuvertüre geben und glattrühren. Die restliche Sahne und die Eiermasse unterheben.

Mit einem Pinsel den Schokoladenboden mit der Whiskytränke gut abtupfen und knapp 1/3 der Schokoladen-Mousse aufstreichen.
Die gestiftelten Mandeln aufstreuen und den zweiten Boden auflegen. Kräftig tränken und knapp das zweite Drittel der Masse aufstreichen.
Den dritten Boden auflegen, die restliche Tränke darauf verteilen und die Torte ganz mit Mousse einstreichen. Mit einer Palette Spitzen leicht hochziehen und Schokoladenspäne von Zartbitter-Kuvertüre auflegen.

Die Torte mindestens drei Stunden kühlstellen. Besser ist es, wenn die Torte über Nacht im Kühlschrank durchziehen kann.

COINTREAUTORTE

Mehlmischung unter die schaumige Buttermasse heben.

Den Sandboden tränken, mit Pralinencreme füllen und zusammensetzen.

Auf einem Kuchengitter mit Vollmilch-Kuvertüre überziehen.

Sandmasse:

325 g Mehl
100 g Stärkepuder
1 TL Backpulver
250 g gewürfeltes Orangeat
375 g Butter
375 g Zucker
8 Eier

Pralinencreme:

300 g Vollmilch-Kuvertüre
150 g Sahne
50 g Pflanzenfett

Zum Tränken:

100 ml Wasser
150 ml Cointreau

Für den Überzug:

300 g Vollmilch-Kuvertüre

Für die Garnitur:

16 Cointreautrüffel

Form:

Springform 28 cm ⌀

Backzeit:

Elektro: 180° C   45 Minuten
Gas: 2—3   45 Minuten
Umluft: 170° C   40 Minuten

Zubereitung

Dieser Sandboden sollte unbedingt am Vortag hergestellt werden. Mehl, Stärkepuder, Backpulver und das gewürfelte Orangeat vermischen. Zimmerwarme Butter und Zucker schaumig rühren. Eier nach und nach zugeben. Mit dem Kochlöffel die Mehlmischung unterheben. In die gefettete Springform füllen, glattstreichen und backen.

Vollmilch-Kuvertüre fein hacken. Die flüssige Sahne in einem Kessel zum Kochen bringen. Von der Feuerstelle nehmen, die Kuvertüre darin auflösen und abkühlen lassen. Für die Tränkflüssigkeit das Wasser und den Cointreau vermischen.

Die ausgekühlte Pralinencreme mit dem Pflanzenfett schaumig rühren.

Den Sandboden einmal quer durchschneiden und das Unterteil auf eine Platte legen. Knapp 1/2 der Tränke mit dem Pinsel gleichmäßig darauf verteilen und mit Creme bestreichen.
Das Oberteil auflegen, tränken und mit der Pralinencreme die Torte ganz einstreichen und kühl stellen.

Die Vollmilch-Kuvertüre fein schneiden und in der Mikrowelle oder im Wasserbad auflösen, nicht über *Bluttemperatur* (siehe Seite 14).
Die Torte auf ein Kuchengitter setzen, Trennpapier darunterlegen und mit der Kuvertüre überziehen. Auf eine Platte zurücksetzen.
Mit einem warmen Messer einteilen, Cointreautrüffel auf jedes Tortenstück auflegen.

COINTREAUTORTE

Silvester-Torte

Zubereitung Biskuit siehe Seite 8.

Butter in die fast abgekühlte Creme geben und schaumig rühren.

Den getränkten Boden mit Creme bestreichen und Kuvertüre aufstreuen.

Die Torte am Rand mit Kuvertüre einstreichen, weiße Schokoladenspäne auftragen und je Tortenstück einen Champagnertrüffel auflegen.

Tortenböden:

230 g Mehl
30 g geriebene Haselnüsse
1/2 TL Zimt
1/2 TL Kakaopulver
8 Eier
150 g Zucker
80 g Butter

Champagner-Creme:

1 l Milch
100 g Zucker
85 g Puddingpulver
3 Eigelb, 500 g Butter
100 ml Marc de Champagne

Zum Tränken:

150 ml Wasser
30 g Puderzucker
80 ml Marc de Champagne

Zum Einstreuen:

60 g Zartbitter-Kuvertüre

Für den Rand:

50 g Zartbitter-Kuvertüre

Für die Garnitur:

weiße Kuvertüre-Späne
16 Champagnertrüffel

Form:

Springform 28 cm ⌀

Backzeit:

Elektro: 180° C   35 Minuten
Gas: 2—3   35 Minuten
Umluft: 170° C   32 Minuten

Zubereitung

Mehl, geriebene Haselnüsse, Zimt und Kakaopulver vermischen. Eier und Zucker zuerst mit dem Schneebesen im Wasserbad warm und danach mit dem Rührgerät kalt schlagen. Die Mehlmischung mit einem Kochlöffel unter die Eiermasse heben, zum Schluß die warme Butter unterarbeiten.
In die gebutterte Springform füllen und backen.

Für die Füllung die Milch, Zucker, Puddingpulver und Eigelb in einem Kessel unter ständigem Rühren aufkochen.
Die lauwarme Creme mit dem Rührgerät glattrühren. Die Butter und den Marc de Champagne zugeben und gut schaumig schlagen.

Für die Tränkflüssigkeit das Wasser mit dem Puderzucker und dem Marc de Champagne verrühren.

Den Biskuitboden dreimal quer durchschneiden. Den untersten Boden auf eine Platte legen. Mit einem Pinsel die aromatisierte Tränke auftragen und dünn Creme aufstreichen. Die Zartbitter-Kuvertüre kleinschneiden und ca. 1/4 der Menge gleichmäßig darüberstreuen. Den zweiten Biskuitboden auflegen. Den oben genannten Vorgang wiederholen, bis die Torte zusammengesetzt ist. Mit der restlichen Creme einstreichen und kalt stellen.
Die Kuvertüre für den Rand im Wasserbad auflösen. Mit einer Palette mehrmals damit umstreichen.
Weiße Kuvertüre schaben und in die Tortenmitte legen.
Auf jedes Tortenstückchen einen Champagnertrüffel setzen.

Herztorte

Das Unterteil auf eine Platte legen, tränken und dünn mit Creme bestreichen.

Den obersten Boden in Stücke teilen und zur Mitte hin auflegen.

Ein Biskuitstück in die Mitte legen, damit eine Kuppel entsteht.

Die weiteren Böden auflegen.

Ganz mit Buttercreme einstreichen.

Boden:

6 Eier
120 g Zucker
160 g Mehl
20 g Kakaopulver
1 TL Backpulver
60 g Butter

Creme:

350 g Butter
350 g Pflanzenfett
4 Eier
120 g Zucker
20 ml Kirschwasser

Tränkflüssigkeit:

250 ml Wasser
50 g Puderzucker
130 ml Kirschwasser

Zum Eindecken und für die Garnitur:

500 g Marzipanrohmasse
130 g Puderzucker

Form:

Herzform ca. 25 x 22 cm

Backzeit:

Elektro: 180° C 30 Minuten
Gas: 2—3   30 Minuten
Umluft: 170° C 27 Minuten

Zubereitung

Für die Herztorte wird ein Schokoladenboden und Kirschwassercreme verwendet.
Mehl, Kakao- und Backpulver vermischen. Eier und Zucker zuerst mit dem Schneebesen im Wasserbad warm, dann mit dem Handrührgerät kalt und locker aufschlagen. Die Mehlmischung unterarbeiten, zum Schluß die flüssige warme Butter zugeben. Die Masse in eine Herzform füllen, in den vorgeheizten Backofen schieben und backen.
Für die Creme Butter und Pflanzenfett schaumig rühren. Eier und Zucker mit dem Schneebesen im Wasserbad warm und mit dem Rührgerät kalt und locker aufschlagen. Beide Massen zusammenrühren und das Kirschwasser zugeben.
Puderzucker, Wasser und Kirschwasser für die Tränkflüssigkeit verrühren.
Den Herzboden dreimal quer durchschneiden und die oberste Lage wie auf der Abbildung zu sehen, in Stücke reißen. Nach der ersten Cremeschicht die Böden, gut getränkt, zusammen mit der Creme zu einer Kuppel übereinandersetzen. Die anderen Böden auflegen, ganz mit Creme einstreichen und kühlstellen.

Bitte umblättern!

HERZTORTE (Fortsetzung)

Marzipan ausrollen, überschlagen und Überstehendes abschneiden.

Einen Rand umlegen und mit Lebensmittelfarbe schminken.

Beschriften.

Marzipankugeln drehen und Kerzen einstecken.

Marzipan und Puderzucker zusammenkneten, auf Puderzucker ausrollen und über das Herz legen. Überstehendes Marzipan abschneiden, zu einem Strang formen und um das Herz legen. Mit Lebensmittelfarbe schminken oder auch in Naturfarbe belassen und verzieren.

Die Herztorte sieht sehr schön aus, wenn sie anstatt mit Marzipan, mit weißen Schokoladenspänen belegt wird — wie die Hochzeitstorte (Seite 92). Der eigenen Fantasie für die Garnierung sind keine Grenzen gesetzt!

Die Herztorte kann auch in einer anderen Geschmacksrichtung hergestellt werden. Sehr gut eignen sich die Rezepte von:
Silvester-, Whisky-, Rumschokolade-, Obst-Charlotte, Sacher- oder Nougattorte (s. d.).

Die Mengenangaben und die Arbeitsweise der oben genannten Torten bleiben wie in den Originalrezepten beschrieben. Lediglich die Backform — hier eine Herzform, ändert sich.

»Gemüsegarten«

Das Biskuitrechteck mit Creme bestreichen, mit Früchten füllen und zusammensetzen.

Ganz mit Buttercreme einstreichen.

Löffelbiskuits auflegen.

Mit Marzipan eindecken und ungleichmäßig mit Kuvertüre bestreichen.

Vom abgeschnittenen Marzipan Früchte modellieren und mit Lebensmittelfarbe schminken.

Boden:

8 Eier, 150 g Zucker
das Mark einer halben Vanilleschote
das Abgeriebene einer halben Zitrone
240 g Mehl
80 g Butter

Zum Einlegen:

ca. 900 g gemischte Früchte

Creme:

300 g Butter
250 g Pflanzenfett
4 Eier
150 g Zucker
Saft einer halben Zitrone
das Mark einer halben Vanilleschote

Zum Tränken:

250 ml Wasser
100 ml Rum
80 g Puderzucker

Zum Auflegen:

ca. 100 g Löffelbiskuits

Zum Eindecken, für die Früchte und das »Gemüse«:

750 g Marzipanrohmasse
250 g Puderzucker

Zum Einstreichen:

120 g Zartbitter-Kuvertüre

Form:

Backblech

Backzeit:

Elektro: 180° C 30 Minuten
Gas: 2—3 30 Minuten
Umluft: 170° C 27 Minuten

Zubereitung

Zum Geburtstag für den Hobbygärtner! Eine Obsttorte in Form eines Gemüsegartens!

Eier und Zucker zunächst mit dem Schneebesen im Wasserbad warm, dann mit der Küchenmaschine kalt und locker aufschlagen. Das Mark einer halben Vanilleschote und das Abgeriebene einer halben Zitrone zugeben. Das Mehl untermischen, zum Schluß die flüssige, warme Butter unterarbeiten.
Das Backblech fetten und mit Backtrennpapier auslegen. Die Masse auf das Blech geben, glattstreichen, in den heißen Ofen schieben und backen.

Den ausgekühlten Biskuitboden in drei Streifen schneiden, je ca. 13 x 28 cm (1/3 der Blechgröße).

Für die Creme Butter und Pflanzenfett leicht anwärmen und mit der Küchenmaschine schaumig rühren. Eier und Zucker zunächst mit dem Schneebesen im Wasserbad warm und dann mit dem Handrührgerät kalt und locker aufschlagen. Den Saft der halben Zitrone und das Mark einer halben Vanilleschote zugeben und beide Massen zusammenrühren.

Für die Tränke Wasser, Puderzucker und Rum verrühren. Die rechteckigen Biskuitböden, gleichmäßig getränkt, dünn mit Creme und mit Früchten belegt, zusammensetzen. Ganz mit Creme einstreichen. Als »Beete« fertig gekaufte Löffelbiskuits auflegen. Für den »Komposthaufen« 3—4 Löffelbiskuits übereinanderlegen. Auch diese leicht mit Buttercreme abtupfen und die Torte kühl stellen.

Rohmarzipan mit Puderzucker zusammenkneten, mit etwas Puderzucker ausrollen und über den »Garten« legen. Überstehendes Marzipan abschneiden und kleine verschiedene Sorten Gemüse davon modellieren, z. B. Kartoffeln, Gurken, Krautköpfe, Karotten, Kürbisse und Tomaten, usw. Diese anschließend mit Lebensmittelfarbe abschminken.

b. w.

»GEMÜSEGARTEN« (Fortsetzung)

Fotos der Arbeitsschritte siehe Vorderseite.

Kuvertüre in der Mikrowelle oder im Wasserbad auflösen. Den gesamten »Gemüsegarten« dünn und ungleichmäßig bestreichen.

Die Aufteilung und Gestaltung des »Gartens« bleibt der eigenen Fantasie überlassen. Alle Marzipan- und Kuvertüreabfälle für den »Komposthaufen« verwenden.

Der »Gemüsegarten« kann auch mit anderer Tortenbasis hergestellt werden. Gut eignen sich: Punsch-, Silvester-, Whisky-, Nuß-, Rumschokolade-, Sacher- und Cointreautorte. Die Arbeitsweise bleibt gleich. Bei den Mengenangaben dieser Torten ist je 1/3 dazuzurechnen.
Statt in die Springform wird die Masse auf das Backblech gestrichen. Die Angaben für die Garnitur von der oben beschriebenen Obsttorte übernehmen.
Als Sahnetorte ist der »Gemüsegarten« nicht herzustellen. Die Gartengarnitur würde die Sahne zusammendrücken.

»GEMÜSEGARTEN«

Hochzeitstorte

Grundrezept Biskuit siehe Seite 8.

Drei Torten herstellen: 28 cm ⌀, ca. 18 cm ⌀, ca. 10 cm ⌀.

Wird eine Torte mit einer anderen Geschmacksrichtung verwendet, so auch diese mit weißer Creme einstreichen.

Auf jede Torte Schokoladenspäne verteilen und dann übereinandersetzen oder die drei Torten übereinandersetzen und erst dann die Schokoladenspäne auflegen.

Großer Boden 28 cm ⌀:

230 g Mehl
30 g geriebene Haselnüsse
1/2 TL Zimt
1/2 TL Kakaopulver
8 Eier
150 g Zucker
80 g Butter

Für die beiden kleinen Böden (18 cm ⌀ und 10 cm ⌀)

170 g Mehl
20 g geriebene Nüsse
1 Messerspitze Zimt
1 Messerspitze Kakaopulver
6 Eier
120 g Zucker
60 g Butter

Buttercreme:

600 g Butter
600 g Pflanzenfett
7 Eier
250 g Zucker
das Mark einer halben Vanilleschote

Zum Tränken:

300 ml Wasser
50 g Puderzucker
150 ml Marc de Champagne

Für die Garnitur:

weiße Schokolade und Blumen

Backzeit: großer Boden

Elektro: 180° C 30 Minuten
Gas: 2—3 30 Minuten
Umluft: 170° C 27 Minuten

Backzeit: kleine Böden

Elektro: 180° C 20—25 Minuten
Gas: 2—3 20—25 Minuten
Umluft: 170° C 20—22 Minuten

Zubereitung:

Eine festliche Torte für den schönsten Tag!

Für die dreistöckige Hochzeitstorte müssen die Teige für Biskuitböden auf zweimal zubereitet werden, da die letzte Masse, bis die erste gebacken ist, zusammenfallen würde.

Mehl, geriebene Haselnüsse, Zimt und Kakaopulver vermischen. Eier und Zucker zunächst mit dem Schneebesen im Wasserbad warm, dann mit dem Rührgerät kalt und locker aufschlagen. Die Mehlmischung mit dem Kochlöffel unter die Eiermasse heben, zum Schluß die warme Butter unterarbeiten.
In die gebutterte größere Springform (⌀ 28 cm) füllen, in den heißen Ofen schieben und backen. Anschließend die zweite Biskuitmasse herstellen und auf die beiden kleineren Springformen verteilen. In der Größe unterschiedliche Tortenringe sind im Fachhandel erhältlich.

Für die Creme Butter und Pflanzenfett schaumig rühren. Eier und Zucker warm und kalt schlagen (siehe S. 12). Das Mark einer halben Vanilleschote zugeben. Beide Massen zusammenrühren.

Für die Tränke Wasser, Puderzucker und den Marc de Champagne verrühren.

Alle Böden dreimal quer durchschneiden. Die untersten (größten) Böden auf eine Platte legen und mit einem Pinsel mit der Tränke befeuchten. Dünn Creme aufstreichen und das zweite Biskuitteil auflegen. Diese Arbeitsfolge fortsetzen, bis die Torten zusammengesetzt sind. Alle drei Torten ganz mit Buttercreme einstreichen und kühl stellen.

Nach einer Kühlzeit von ca. 2 Stunden die drei Torten übereinandersetzen und ganz mit weißen Schokoladenspänen bedecken. Mit fertig gekauften Marzipan- oder Zuckerblumen verzieren oder selbst Rosen und Blätter modellieren, wie auf Seite 16/17 beschrieben.

HOCHZEITSTORTE (Fortsetzung)

Auf dem einen Arbeitsfoto ist eine Schokoladentorte abgebildet. Statt der oben genannten Masse kann jederzeit eine andere Masse oder verschiedene Tortenmassen verwendet werden.

Wichtig ist, daß alle drei vor dem Kühlstellen mit weißer Buttercreme eingestrichen werden.

Soll die Hochzeitstorte als Sahnetorte zubereitet werden, so ist dies nur zweistöckig möglich. Für die unterste Sahnetorte 1/3 mehr Gelatine verwenden. Für die obere Torte ⌀ 16—18 cm, die üblichen Rezeptzutaten halbieren.

Der weitere Arbeitsablauf ist wie bei der Cremetorte beschrieben.

Wichtig ist, daß die Sahnetorte bis kurz vor dem Servieren gut gekühlt wird.

Karl Neef
Teil II

52 Sonntags-Kuchen

Inhaltsverzeichnis

Teil II – 52 Sonntagskuchen

Die Grundrezepte

Hefeteig 8
Sandmasse 10
Biskuitmasse 11
Buttermürbeteig 12

Die Kuchen

Beschwipster Orangenkranz 14
Linzertorte 16
Quarkschnitte 18
Hefezopf 20
Bienenstich 22
Ingwerkuchen 24
Ananassteckerl 26
Schlesischer Mohnkranz 28
Käsekuchen 30
Florentiner Kirschkuchen 32
Gedeckter Apfelkuchen 34
Osterbrot 36
Osterkranz 38
Sächsische Rhabarber-
　schnitte 40
Sandkuchen 42
Rhabarberstrudel 44
Rhabarber-Baiser-Torte 46
Erdbeerroulade 48
Muttertagsherz 50
Erdbeerkuchen
　(od. Himbeerkuchen) 52
Maibombe 54
Südseecharlotte 56
Glasierter Pfirsichkuchen ... 58
Johannisbeer-Schaumtorte . 60

Kirsch-Käsekuchen 62
Himbeerkuchen 64
Aprikosen-Rahmkuchen 66
Omas Kirschblech 68
Fränkisches Kirschen-
　männle 70
Bayerischer Johannisbeer-
　gugelhupf 72
Aprikosenmandelkuchen 74
Heidelbeertraum 76
Gugelhupf 78
Brombeertörtchen 80
Pflaumensandkuchen 82
Zwetschgendatschi 84
Zwetschgenfleck 86
Zwetschgenbuchteln 88
Winzertorte 90
Preiselbeerkuchen 92
Erntedank-Kuchen 94
Herbstkuchen 96
Wiener Birnentorte 98
Marmorkuchen 100
Schwäbischer Apfelkuchen 102
Butterstreusel 104
Dattelkuchen 106
Obstsalatkuchen 108
Christstollen 110
Nürnberger Gewürzkuchen 112
Gutsherrn Apfelkuchen 114
Butterkuchen 116

Rezepte von A bis Z
　(Teil I und Teil II) 119

Die Grundrezepte

Mengen und Gewichte:

Mehl:
1 gestrichener Eßlöffel = ca. 10 g
1 gehäufter Eßlöffel = ca. 15 g
Stärkepuder (Speisestärke):
1 gestrichener Eßlöffel = ca. 10 g
1 gehäufter Eßlöffel = ca. 15 g
Backpulver:
1 Päckchen = 15 g
Zucker:
1 gestrichener Eßlöffel = ca. 20 g

Sahne:
1 Eßlöffel = ca. 20 g
Eier:
Für die Rezepte wurden Eier der Gewichtsklasse 4 verwendet.
Hefe:
1 Würfel = 42 g
Die Grammangaben für Hefe gelten für frische Backhefe.
Mehl: Weizenmehl Type 405

Abkürzungen:

g Gramm
kg Kilogramm
ml Milliliter (1/1000 Liter)
cl Centiliter (1/100 Liter)
l Liter
TL Teelöffel
EL Eßlöffel
Msp Messerspitze

Für das genaue Abmessen der Zutaten ist ein Meßbecher oder eine Küchenwaage zu empfehlen.

Hefeteig

*Mengenangaben:
siehe Rezepte*

Zwei Arten Hefeteig unterscheidet man im wesentlichen, einen leichten und einen schweren.

Der leichte Hefeteig wird für alle Blechkuchen verwendet. Unter Blechkuchen versteht man einen ausgerollten Teig mit Frucht-, Butter- oder Mandelbelag. Zum Beispiel: Zwetschgen- oder Kirschkuchen auf Hefeteig, Bienenstich oder Butterkuchen, um nur einige zu nennen.

Die Beschaffenheit des Teiges ist locker und leicht, geschmacklich dominierend ist in diesen Fällen der Belag.

Die Arbeitsweise ist schnell und unproblematisch. Die Milch wird etwas angewärmt und die Hefe darin aufgelöst. Alle anderen Zutaten kommen dazu, und mit den Knethaken der Küchenmaschine wird der Teig geknetet, bis er Blasen schlägt. Eine Ruhezeit von mindestens 30 Minuten ist erforderlich, damit er entspannen und gehen kann. Der Teig wird für diese Zeit mit einem Tuch abgedeckt, damit er keine Haut bekommt.

Der schwere Hefeteig enthält bedeutend mehr Butter, das beste Beispiel ist der »Weihnachtsstollen« oder das »Osterbrot«. Die Zubereitungszeit ist länger, aber nicht schwieriger. Die Milch wird angewärmt und die Hefe darin aufgelöst. Mit einem Teil des Mehls wird ein dicker Brei angerührt. Dieser *Vorteig*, auch Dampferl genannt, muß an einem warmen, zugfreien Ort, mit einem Tuch abgedeckt, gehen. Im Durchschnitt dauert das 10—15 Minuten, bis an der Oberfläche kleine Blasen entstehen. In der Zwischenzeit wird die zimmerwarme Butter mit dem Zucker, dem Salz, den Eiern, Zitrone und Vanille mit der Küchenmaschine schaumig gerührt. Nun werden alle Zutaten, Vorteig, die schaumige Buttermischung und das restliche Mehl zusammen verknetet. Am besten geschieht das mit den Knethaken der Küchenmaschine. Ist der Teig glatt, wird er auf die Tischplatte gelegt und kräftig durchgeknetet bzw. geschlagen. Mit einem Tuch abgedeckt muß er mindestens 60 Minuten ruhen.

Hefeteig

Leichter Hefeteig

1 Milch anwärmen, Hefe darin auflösen.

2 Alle Zutaten dazuwiegen und mit dem Knethaken der Küchenmaschine zu einem Teig verarbeiten.

Schwerer Hefeteig

1 Milch anwärmen, Hefe darin auflösen, etwas Mehl zugeben und zu einem Brei anrühren.

2 Hefestück oder Dampferl mit einem Tuch abdecken und gehen lassen, bis kleine Blasen entstehen.

3 Alle übrigen Zutaten außer dem restlichen Mehl mit der Küchenmaschine schaumig rühren.

4 Buttermasse, Vorteig und das restliche Mehl zu einem Teig kneten.

5 Teig mit einem Tuch abdecken und ca. 60 Minuten ruhen lassen, danach je nach Verwendungszweck weiter verarbeiten.

Sandmasse

Mengenangaben:
siehe Rezepte

Zimmerwarme Butter in eine Schüssel geben. Mit der Küchenmaschine glattrühren. Zucker, Eier bzw. Eigelb, Vanille, Zitrone und Salz zugeben und gut verrühren. Mit dem Kochlöffel das Mehl, in manchen Fällen zusätzlich Stärkepuder darunterheben.
Es richtet sich nach dem Rezept, ob die Butter schaumig oder nur glattgerührt wird. Man sollte dies genau beachten.

Der Unterschied zwischen Sand- und Biskuitmassen, im Volksmund auch Teige genannt, besteht darin: Die Sandmasse hat einen hohen Butteranteil, die Biskuitmasse einen hohen Eieranteil.

1 Butter glattrühren.

2 Zucker und Eier, Vanille, Zitrone und Salz zugeben.

3 Mehl unterheben.

Biskuitmasse

Eier, Zucker, Vanille und die Zitrone in eine Schüssel oder einen Kessel geben. Die Schüssel in ein Wasserbad setzen und die Zutaten mit dem Schneebesen aufschlagen.
Dadurch wird die Bindung der Eier-Zuckermischung besser und das Endprodukt leichter und lockerer.
Selbstverständlich ist es auch möglich, die Eier und den Zucker kalt, von Anfang an mit dem Schneebesen der Rührmaschine aufzuschlagen.
Mit einem Kochlöffel wird das Mehl untergehoben und je nach Rezept zum Schluß die aufgelöste warme Butter.

Mengenangaben: siehe Rezepte

1 Eier, Zucker, Vanille und Zitrone mit dem Handbesen im Wasserbad warmschlagen. Ergibt eine . . .

2 . . . lockere und leicht aufgeschlagene Eiermasse.

3 Oder Eier, Zucker, Vanille und Zitrone mit der Küchenmaschine kalt aufschlagen.

4 Mehl mit dem Kochlöffel unterheben, zum Schluß die aufgelöste Butter.

Buttermürbeteig

Die Grundlage vieler Kuchen, ob dicker oder dünner ausgerollt, ist der Mürbteig. Wie schon der Name sagt, mürb, zart und von edlem Geschmack soll er sein. Die frische Butter und das Mark der Vanilleschote sind die beiden Rohstoffe, die diesen Teig zum Genuß werden lassen.

Mengenangaben:
siehe Rezepte

Die Herstellungsweise ist sehr einfach.
Drei Möglichkeiten bieten sich an, wobei zu empfehlen ist, von der gewohnten Herstellungsweise nicht abzuweichen.
Für alle gilt zuerst: die angegebene Menge Mehl abwiegen, auf die Tischplatte geben und zu einem Kranz bilden.

1. Butter, Zucker, Salz, Eier und oder Eigelb, Vanille und Zitrone (bei manchen Rezepten etwas Milch) mit der Küchenmaschine glattrühren. Mit einem Teigschaber aus der Schüssel nehmen, in die Mitte des Mehlkranzes geben und zu einem Teig kneten. —

2. **Oder** — nur die Butter mit Zitrone und Vanille glattrühren und in die Mitte des Mehlkranzes geben. Zucker, Salz, Eier und/oder Eigelb, eventuell Milch zugeben und mit dem Mehl zu einem Teig kneten. —

3. **Oder** — alle Zutaten in die Mitte des Mehlkranzes wiegen und mit der Hand zu einem Teig kneten.

Nach 1/2—1 Stunde im Kühlschrank läßt sich der Teig problemlos verarbeiten.

1 Alle Zutaten mit der Küchenmaschine glattrühren, danach in den Mehlkranz geben und zu einem Teig kneten.

2 Oder Butter, Zitrone und Vanille mit der Küchenmaschine glattrühren, in den Mehlkranz geben und mit den übrigen dazugewogenen Zutaten zu einem Teig kneten.

3 Oder Mehlkranz bilden, alle restlichen Zutaten abwiegen, in die Mitte geben und von Hand, zuerst Butter, Zucker, Eier, danach mit dem Mehl zu einem Teig verarbeiten.

DIE KUCHEN

1 · Beschwipster Orangenkranz

Kuchenmasse:
170 g Mehl
80 g Butter
70 g gewürfeltes Orangeat
6 Eigelb
80 g Zucker
6 Eiweiß
80 g Zucker

Zum Übergießen:
300 ml Wasser
200 g Zucker
250 g Cointreau

Zum Glasieren:
350 g Orangenmarmelade

*Orangenfilets von 2 Orangen
Schlagsahne zum Garnieren*

Gugelhupfform oder kleine Savarinförmchen ausbuttern und mit Mehl ausstäuben. Mehl und Butter abwiegen. Mit einem Messer die Butter im Mehl fein hacken, gewürfeltes Orangeat dazugeben. Eigelb und Eiweiß trennen.
Das Eigelb mit Zucker schaumig schlagen, Eiweiß mit Zucker zu Schnee schlagen. Das geschlagene Eiweiß unter das Eigelb heben und das Mehl mit der Butter und dem Orangeat darunterheben. In die Form füllen und backen.
Nach dem Backen den Gugelhupf bzw. die Kränzchen aus den Formen stürzen und abkühlen lassen.
Im Kühlschrank könnte der gebackene Gugelhupf, mit einem Frischhaltebeutel abgedeckt, 1—2 Tage aufbewahrt werden.
Wasser und Zucker zum Kochen bringen, den Cointreau zugeben und sofort von der Feuerstelle nehmen. Den ausgekühlten Gugelhupf wieder in die Form stürzen und die heiße Flüssigkeit darübergießen. 20 Minuten stehen lassen, auf ein Gitter stürzen und mit heißer Orangenmarmelade bepinseln (auftupfen).
Mit Orangenfilets und geschlagener Sahne garnieren.

Auf dem Titelbild unseres Buches ist dieser Kuchen ebenfalls abgebildet, dort mit einer Zuckerglasur aus 150 g Puderzucker und 2 bis 3 Eßlöffel Wasser.

Form:
Gugelhupfform normale Größe

Backzeit:
Elektro: 180 — 45 Minuten
Gas: 2-3 — 45 Minuten
Umluft: 170 — 40 Minuten

1 Butter im Mehl fein hacken und gewürfeltes Orangeat darunterheben.

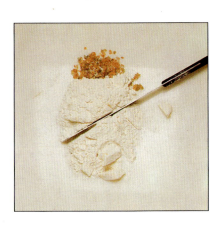

Beschwipster Orangenkranz · 1

2 Schaumiges Eigelb, geschlagenes Eiweiß und die Mehlmischung locker untermischen.

3 Den ausgekühlten Kuchen wieder in die Form stürzen und übergießen.

3 Mit heißer Orangenmarmelade überpinseln.

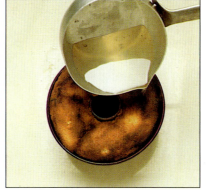
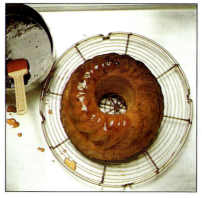

2 · Linzertorte

Linzerteig:
400 g Butter
200 g Zucker
2 Eigelb
400 g geriebene Haselnüsse
1 TL Zimt, 1 TL Kakao
Abrieb von 1/2 Zitrone
400 g Mehl

Für die Füllung:
650 g Himbeermarmelade

Zum Bestreichen:
1 verquirltes Ei

Form:
flache Kuchenform mit Rand,
Ø ca. 30 cm

Backzeit:
Elektro: 180 — 35 Minuten
Gas: 2-3 — 35 Minuten
Umluft: 170 — 30 Minuten

Aus Butter, Zucker, Eigelb, Haselnüssen, Zimt, Kakao, dem Abrieb einer halben Zitrone und Mehl einen Buttermürbeteig (vgl. Seite 12) zubereiten. Diesen Teig ca. 1 Stunde kühlstellen.

3/4 des Teiges rund ausrollen und den Boden einer gebutterten flachen Form damit auslegen. Ebenso gut eignet sich ein Tortenring, der auf ein Backblech gelegt wird.

Himbeermarmelade auf den Boden streichen, dabei einen ca. 1 cm breiten Rand frei lassen. Den restlichen Teig ausrollen und in Streifen schneiden. Diese als Gitter über den Kuchen legen.

Ein wenig Teig wird dabei übrig bleiben; einen Strang davon formen und um den Rand legen. Das Gitter mit einem verquirlten Ei bestreichen.

In den vorgeheizten Ofen schieben.

1 Alle Zutaten für den Teig abwiegen und zusammenkneten.

2 3/4 des Teiges als Boden ausrollen und mit Himbeermarmelade bestreichen.

3 Den restlichen Teig ausrollen, Streifen schneiden und als Gitter auflegen.

3 · Quarkschnitte

Biskuitboden:
7 Eier
210 g Zucker
Abrieb von 1/2 Zitrone
230 g Mehl
60 g geriebene Mandeln
90 g Butter

300 g Heidelbeermarmelade

Quarkmasse:
600 g Speisemagerquark
240 g Zucker
3 Eier
Abrieb von 1/2 Zitrone
150 ml Milch
750 ml Schlagsahne
10 Blatt Gelatine
2 cl Rum

Kakaopulver zum Übersieben

Form:
Blech Größe 40 x 37 cm

Backzeit:
Elektro: 180 — 11 Minuten
Gas: 2-3 — 11 Minuten
Umluft: 170 — 9 Minuten

Eier, Zucker und das Abgeriebene einer halben Zitrone mit dem Schneebesen im Wasserbad warm schlagen, mit dem Rührgerät kalt und locker aufschlagen (vgl. Biskuit Seite 11). Mit einem Kochlöffel das Mehl unterheben, zum Schluß die geriebenen Mandeln und die flüssige, warme Butter.
Auf das gebutterte Kuchenblech streichen und zart backen.
Den Biskuitboden abkühlen lassen, waagerecht durchschneiden und auf den Boden Heidelbeermarmelade streichen.
Speisemagerquark in einem Küchentuch ausdrücken. Mit Zucker, Eiern, dem Abgeriebenen einer halben Zitrone und Milch glattrühren.
Sahne ohne Zucker schlagen. Die im kalten Wasser eingeweichte Gelatine mit dem Rum in einer kleinen Schüssel auf der Feuerstelle auflösen und unter die Quarkmasse rühren. Zum Schluß die geschlagene Sahne unter die Quarkmasse heben. Diese Masse nun auf den mit Marmelade bestrichenen Biskuitboden geben und glatt streichen. Den zweiten Teil des Bodens auflegen und kühl stellen.
In beliebig große Stücke schneiden und mit Kakaopulver übersieben.

1 Eier, Zucker, Zitrone im Wasserbad mit dem Schneebesen aufschlagen.

2 Mehl unter die Eiermasse heben, zum Schluß die geriebenen Mandeln und die warme Butter.

3 Speisequark in einem Tuch ausdrücken.

4 Geschlagene Sahne unter die glattgerührte Quarkmasse heben.

5 Biskuitboden waagerecht durchschneiden und Quarkmasse aufstreichen.

4 · Hefezopf

Hefeteig:
140 ml Milch
30 g Hefe
400 g Mehl
40 g Zucker
6 g Salz
1 Ei
4 Eigelb
50 g Butter
das Mark einer 1/4 Vanilleschote
das Abgeriebene einer 1/4 Zitrone

150 g Sultaninen

Zum Bestreichen:
1 verquirltes Ei

Zum Überstreuen:
20 g gehobelte Mandeln oder
20 g groben Zucker

Glasur:
150 g Puderzucker
30 ml Wasser

Form:
Backblech

Backzeit:
Elektro: 180 — 25 Minuten
Gas: 2-3 — 25 Minuten
Umluft: 170 — 22 Minuten

Für den Hefeteig Milch in einer Schüssel anwärmen, Hefe darin auflösen und mit einem Teil des Mehls einen Brei anrühren (vgl. Schwerer Hefeteig, Seite 8/9). Dieses Hefestück ca. 15 Minuten abgedeckt gehen lassen.

Butter, Zucker, Salz, abgeriebene Zitrone, Mark einer Vanilleschote, Ei und Eigelb mit dem Schneebesen der Rührmaschine glattrühren. Diese gerührte Masse in das Hefestück geben und mit dem restlichen Mehl zu einem glatten Teig arbeiten. Mit einem Tuch abgedeckt 60 Minuten im Kühlschrank ruhen lassen.

Anschließend Sultaninen unter den Teig drücken, jedoch nicht kneten. Einen Strang formen und in drei Teile teilen. Jedes Teil ca. 25 cm lang rollen; an einem Ende diese drei Stücke zusammendrücken und flechten. Den mittleren Strang jeweils nach außen schlagen, einmal nach rechts, einmal nach links.

Den Zopf gehen lassen, bis er deutlich an Volumen zugenommen hat.

Mit einem verquirlten Ei bestreichen, mit Mandeln oder ganz grobem Zucker überstreuen und nach dem Backen mit Zuckerglasur überziehen.

Im vorgeheizten Ofen goldgelb backen.

1 Milch und aufgelöste Hefe mit einem Teil des Mehls zu einem dicken Brei rühren.

2 Alle Zutaten außer Mehl glattrühren und unter das Hefestück geben, zum Schluß das restliche Mehl.

3 Sultaninen unter den Teig drücken.

Hefezopf · 4

4 3 gleichmäßige Stränge aus dem Teig rollen.

5 Am oberen Ende zusammendrücken und jeweils den mittleren Strang nach außen schlagen. 1 x nach rechts, 1 x nach links.

6 Am Schluß die Enden nach unten einschlagen.

5 · Bienenstich

Hefeteig:
140 ml Milch
25 g Hefe
350 g Mehl
40 g Zucker
6 g Salz
1 Ei
1 Eigelb
40 g Butter
das Mark von 1/4 Vanilleschote
Abrieb von 1/4 Zitrone

Bienenstich-Guß:
75 g Butter
75 g Zucker
50 g Bienenhonig
30 g Milch
80 g gehobelte Mandeln

Füllung:
400 ml Milch
40 g Zucker
2 Eigelb
35 g Vanillepuddingpulver
1 cl Rum
2 Blatt Gelatine
400 g Sahne

Form:
runde Kuchenform,
⌀ ca. 30 cm

Backzeit:
Elektro: 180 — 30 Minuten
Gas: 2-3 — 30 Minuten
Umluft: 170 — 25 Minuten

Milch etwas anwärmen und die Hefe darin auflösen.
Alle restlichen Zutaten in die Schüssel geben. Mit den Knethaken der Rührmaschine zu einem glatten Teig kneten. Mit einem Tuch abdecken und ca. 60 Minuten je nach Raumtemperatur ruhen lassen (siehe auch Leichter Hefeteig, Seite 8/9).
Kuchenform ausbuttern, Teig rund ausrollen und in die Form legen.
Butter, Zucker, Bienenhonig und Milch in einem Kessel kurz aufkochen, gehobelte Mandeln dazugeben und, solange die Masse noch heiß ist, auf den Hefeteig gleichmäßig verstreichen. An einem warmen Ort noch ca. 1/2 Stunde gehen lassen.
Im vorgeheizten Ofen goldgelb backen.

Für die Füllung Milch, Zucker, Eigelb und Puddingpulver unter ständigem Rühren zum Kochen bringen und abkühlen lassen.
Den ungefüllten, kalten Bienenstich aus der Form nehmen und waagerecht durchschneiden.
Die Vanillecreme mit dem Schneebesen glattrühren, Rum und aufgelöste Gelatine zugeben. Sahne schlagen und unter die Creme heben.
Die Creme auf den Boden streichen und Deckel auflegen.

Tip: Evtl. den Deckel vor dem Auflegen in Kuchenstücke schneiden und auf dem Kuchen wieder zusammensetzen (siehe großes Bild).

1 Mit dem Knethaken einen glatten Teig zubereiten.

2 Alle Zutaten für den Bienenstichguß aufkochen und zum Schluß die Mandeln darunterheben.

Bienenstich · 5

3 Bienenstichguß auf dem Hefeteig verstreichen.

4 Vanillecreme ist glatt –, Rum und Gelatine sind untergerührt. Geschlagene Sahne unterheben.

5 Bienenstich aufschneiden und Füllung darauf streichen.

6 · Ingwerkuchen

Früchte:
200 g Ingwerpflaumen
120 g Äpfel
 90 g Walnüsse

Masse:
250 g Mehl
2 gestr. TL Backpulver
125 g Butter
180 g Zucker
2 Eier
1 Eigelb
125 ml Milch

Für die Glasur:
 60 g weißer Rum
300 g Puderzucker

Zum Belegen:
Walnüsse, Ingwerstäbchen

Form:
Rehrücken- oder Baumstammform, 32 cm lang, 12 cm breit

Backzeit:
Elektro: 180 — 50 Minuten
Gas: 2-3 — 50 Minuten
Umluft: 170 — 45 Minuten

Ingwerpflaumen in Streifen schneiden oder Ingwerstäbchen mehrmals durchschneiden. Äpfel schälen, entkernen und fein schneiden. Mehl und Backpulver mit dem Ingwer, den Äpfeln und Walnüssen vermischen.
Zimmerwarme Butter und Zucker schaumig rühren. Eier, Eigelb und lauwarme Milch langsam nach und nach zugeben. Mit dem Kochlöffel die Mehlmischung unterheben, in die gebutterte Form füllen. Dieser Kuchen wird kräftig gebacken, da die Äpfel und der Ingwer viel Feuchtigkeit haben.
Rum und Puderzucker anrühren und den noch warmen, gestürzten Kuchen überpinseln.
Als Garnitur Walnüsse oder Ingwerstäbchen auflegen.

1 Gehackte Äpfel und Ingwer mit dem Mehl und den Walnüssen mischen.

2 Butter und Zucker schaumig rühren, Eier und Milch zugeben.

3 Mit dem Kochlöffel die Mehlmischung mit den Früchten unterheben.

4 Rum und Puderzucker anrühren.

7 · Ananassteckerl

1 mittelgroße Ananas ergibt ca. 10 Spieße

Teig:
300 g Milch
 15 g Hefe
1 Eigelb
50 g Zucker
Prise Salz
250 g Mehl
 25 g Butter

Zum Wälzen:
ca. 100 g Kokosraspeln
100 g Zucker

Oder Kokossauce:
400 ml Sahne
 30 g Zucker
 10 g Stärkepuder
4 Eigelb
4 cl Kokosschnaps
20 g Kokosraspel

Zum Ausbacken:
Erdnußöl

Backzeit:
kurze Backzeit im Fett, goldgelb ausbacken

Frische Ananas in Scheiben schneiden und von der Schale befreien. Das harte Mittelstück ausstechen oder nach dem Vierteln abschneiden. Die Ananas in Stücke schneiden und je nach Stärke der Scheibe 8—10 Stück auf einen Spieß stecken.

Milch, Hefe, Eigelb, Zucker, Salz und Mehl mit dem Schneebesen in einer Schüssel glattrühren. Zum Schluß die lauwarme Butter unterziehen.

Inzwischen Erdnußfett in einer Schüssel oder Friteuse auf 180 Grad erhitzen.

Spieße in die angerührte Teigmasse tauchen oder mit einem Löffel übergießen. In heißem Fett goldgelb backen. Noch im heißen Zustand in Kokosraspeln wälzen.

Man kann die Spieße auch mit einer *Kokossauce* servieren.

Dafür werden Sahne, Zucker, Stärkepuder und Eigelb unter ständigem Rühren kurz aufgekocht. Nach dem Abkühlen Kokosschnaps und Raspeln darunterrühren.

1 Ananasstücke schneiden und auf den Spieß stecken.

2 Backteig anrühren.

3 Spieße in den Teig tauchen oder mit einem Löffel übergießen.

8 · Schlesischer Mohnkranz

Mohnmasse:
350 g Butter
350 g Zucker
Mark einer 1/2 Vanilleschote
7 Eier
300 g Mehl
100 g Stärkepuder
50 g Sultaninen
2 gestr. TL Backpulver
100 g frisch gemahlener Mohn

Zum Ausstreuen:
50 g geriebene Nüsse

Rumsauce:
200 ml Sahne
250 ml Milch
50 g Zucker
3 Eigelb
10 g (1 EL) Stärkepuder
40 g Rum

Form:
Kranzform ⌀ ca. 25 cm

Backzeit:
Elektro: 180 — 50 Minuten
Gas: 2-3 — 50 Minuten
Umluft: 170 — 45 Minuten

Butter, Zucker und das Mark einer halben Vanilleschote schaumig rühren. Eier nach und nach zugeben. Mehl, Stärkepuder und Sultaninen abwiegen und mit dem Backpulver und dem frischgemahlenen Mohn vermischen. Mit einem Kochlöffel die Mehlmischung unter die schaumige Butter heben. Die Kranzform buttern und mit geriebenen Nüssen ausstreuen. Die Masse einfüllen und in den vorgeheizten Ofen schieben.
Für die Rumsauce werden Sahne, Milch, Zucker, Eigelb und Stärkepuder in eine Schüssel gegeben und im Wasserbad solange mit dem Schneebesen geschlagen, bis die Creme heiß und cremig bis dickflüssig ist.
Nach dem Abkühlen den Rum zugeben.

1 Butter, Zucker und Vanille schaumig rühren. Eier nach und nach zugeben.

2 Mit dem Kochlöffel die Mehlmischung darunterheben.

3 Alle Zutaten außer dem Rum in einer Schüssel im Wasserbad heiß und cremig schlagen.

1 Zucker, Eigelb und Butter etwas zerdrücken und mit den übrigen Zutaten zu einem Teig kneten.

Käsekuchen · 9

Für den Mürbteig das Mehl abwiegen und einen Kranz bilden. In die Mitte Zucker, Butter, Salz, das Mark von 1/4 Vanilleschote, das Abgeriebene von 1/4 Zitrone und das Eigelb geben. Alle Zutaten vermengen und zu einem Teig kneten. Eine Stunde kühlstellen.

Den Teig ausrollen und in die gebutterte Form mit hohem Rand legen. Der Teig muß eine gute Verbindung zwischen Boden und Rand haben, um ein Auslaufen der Quarkmasse zu verhindern.

Speisemagerquark in einem Küchentuch ausdrücken. Mit Zucker, Puddingpulver, Eiern, dem Mark einer halben Vanilleschote, dem Abgeriebenen einer halben Zitrone und der Milch mit der Küchenmaschine glattrühren. Die zerlassene heiße Butter als letztes dazugeben. In die Form füllen und in den vorgeheizten Ofen schieben.

Beim Backen treibt es den Käsekuchen etwas über den Rand, beim Auskühlen geht er wieder etwas zurück.

Erst aus der Form nehmen, wenn er ganz ausgekühlt ist.

Mürbteig:
300 g Mehl
100 g Zucker
200 g Butter
Prise Salz
Mark von 1/4 Vanilleschote
Abrieb von 1/4 Zitrone
1 Eigelb

Quarkmasse:
1 kg Speisemagerquark
300 g Zucker
50 g Puddingpulver
4 Eier
Mark von 1/2 Vanilleschote
Abrieb von 1/2 Zitrone
600 ml Milch
100 g Butter

Form:
Springform ⌀ 28 cm

Backzeit:
Elektro: 180 — 55 Minuten
Gas: 2-3 — 55 Minuten
Umluft: 170 — 45-50 Minuten

2 Speisequark in einem Tuch ausdrücken.

3 Alle Zutaten zusammen wiegen, Milch zugeben und mit der Küchenmaschine glattrühren.

4 Unter die glattgerührte Quarkmasse die warme Butter rühren.

10 · Florentiner Kirschkuchen

Mürbteig:
300 g Mehl, 100 g Zucker,
200 g Butter, 1 Prise Salz
Mark von 1/4 Vanilleschote
Abrieb von 1/4 Zitrone
1 Eigelb

Biskuitmasse:
7 Eier, 210 g Zucker,
220 g Mehl, 70 g Butter

Nuß-Biskuit:
100 g geriebene Haselnüsse
1 TL Zimt, 1 TL Kakaopulver

1,2 kg Kirschen

Florentinermasse:
150 g Zucker, 150 g Butter,
90 g Bienenhonig, 60 ml Milch,
170 g gehobelte Mandeln

100 g Sauerkirschmarmelade

Form:
flache Form mit Rand ⌀ ca. 30 cm oder Tortenring ⌀ ca. 30 cm
Backtrennpapier

Backzeit: Mürbteig
Elektro: 180 — 11 Minuten
Gas: 2-3 — 11 Minuten
Umluft: 170 — 10 Minuten

Backzeit: dünner Biskuit
Elektro: 180 — 10 Minuten
Gas: 2-3 — 10 Minuten
Umluft: 170 — 9 Minuten

Backzeit: Nußbiskuit
Elektro: 180 — 13 Minuten
Gas: 2-3 — 13 Minuten
Umluft: 170 — 11 Minuten

Für den *Mürbteig* das Mehl abwiegen und einen Kranz bilden. In die Mitte Zucker, Butter, Salz, das Mark von 1/4 Vanilleschote, das Abgeriebene von 1/4 Zitrone und das Eigelb geben. Alle Zutaten zusammen vermengen und zu einem Teig kneten.
3/4 Menge des Mürbteiges als Boden ausrollen und in die gebutterte Form legen. Von dem Rest einen Strang formen und als Rand anbringen.
Im heißen Ofen kurz backen, der Mürbteig soll hell bleiben.

Für die *Biskuitmasse* Eier und Zucker im Wasserbad warm und mit dem Rührgerät wieder kalt schlagen. Zuerst Mehl, danach die aufgelöste lauwarme Butter unterheben. 1/3 dieser Masse in der Größe der Form auf Trennpapier streichen und zart backen. Unter die restliche Biskuitmasse geriebene Haselnüsse, Zimt und Kakaopulver heben und auf den leicht angebackenen Mürbteig streichen. Entsteinte Kirschen auf der Nußbiskuitmasse verteilen, in den Ofen schieben und zart backen.

Florentinermasse: Zucker, Butter, Bienenhonig und Milch in einem Kessel kurz aufkochen und gehobelte Mandeln darunterheben. Die Masse noch heiß auf den dünnen Biskuitboden aufstreichen und im Ofen goldgelb backen.
Sauerkirschmarmelade dünn über die Kirschen streichen. Mit einer Tortenscheibe den dünnen Biskuitboden mit der Florentinermasse vom Trennpapier abheben und auf die Kirschen legen.
Dieser Kuchen kann das ganze Jahr über gebacken werden, entweder mit eingemachten oder Dosenkirschen, zur Kirschzeit natürlich mit knackig frischen Kirschen.

1 Alle Zutaten zu einem Mürbteig verarbeiten bzw. kneten.

2 3/4 des Mürbteiges als Boden ausrollen, von dem Rest einen Strang formen und um den Rand legen.

3 1/3 der Biskuitmasse in der Größe der Kuchenform auf ein Trennpapier streichen.

Florentiner Kirschkuchen · 10

4 Unter die restliche 2/3 Biskuitmasse geriebene Nüsse, Zimt und Kakaopulver rühren, auf den Mürbteig füllen und glattstreichen.

5 Kirschen auf der Nußbiskuitmasse verteilen.

6 Florentinermasse im heißen Zustand auf dem dünnen, gebackenen Biskuitboden verstreichen.

11 · Gedeckter Apfelkuchen

Mürbteig:
450 g Mehl
300 g Butter
150 g Zucker
Prise Salz
Mark von 1/4 Vanilleschote
Abrieb von 1/4 Zitrone
1 Ei
50 ml Milch

Belag:
1,7 kg Äpfel
50 g Zucker
40 g Sultaninen
1/3 Teelöffel Zimt
Abrieb von 1/3 Zitrone

100 g Löffelbiskuits

1 verquirltes Ei zum Bestreichen

Form:
Springform ⌀ 28 cm

Backzeit:
Elektro: 180 — 40 Minuten
Gas: 2-3 — 40 Minuten
Umluft: 170 — 35 Minuten

Für den Mürbteig das Mehl abwiegen und einen Kranz bilden. Butter mit der Küchenmaschine glattrühren. In die Mitte Zucker, Butter, Salz, das Mark einer 1/4 Vanilleschote, das Abgeriebene von 1/4 Zitrone, das Ei und die Milch geben. Gut vermengen und zu einem Teig kneten. Eine Stunde kühlstellen (siehe auch Rezept Buttermürbteig, Seite 12).

Äpfel schälen, vom Kernhaus befreien und fein schneiden, bzw. hacken. Zucker, Sultaninen, Zimt und das Abgeriebene von 1/3 Zitrone dazugeben und zwei Stunden abgedeckt ziehen lassen.

2/3 des Mürbteiges ausrollen, den Boden und den Rand der gebutterten Form auslegen. Das restliche Teigdrittel in der Größe der Kuchenform ausrollen, auf eine Tortenscheibe legen und kühl stellen.

Geriebene Löffelbiskuits auf den Mürbteig streuen und die nochmals gut vermischten Äpfel gleichmäßig und locker darauf verteilen. Den kühl gestellten Mürbteigdeckel auflegen und den Rand etwas festdrücken.

Mit einem verquirlten Ei bestreichen und in den vorgeheizten Ofen schieben.

1 Butter mit der Küchenmaschine glattrühren und mit allen Zutaten zu einem Teig kneten.

2 Äpfel fein hacken, mit Zucker, Sultaninen, Zimt und Zitrone vermischen und 2 Stunden abgedeckt ziehen lassen.

Gedeckter Apfelkuchen · 11

3 Gebutterte Form mit 2/3 des Mürbteiges auslegen. Vom restlichen Teig den Deckel ausrollen.

4 Löffelbiskuit einstreuen, Äpfel gleichmäßig, aber locker in der Form verteilen.

5 Mürbteigdeckel auflegen und mit Ei bestreichen.

12 · Osterbrot

1 Hefe in der lauwarmen Milch auflösen und etwas Mehl zugeben.

2 Glattgerührte Buttermasse, Hefestück und das restliche Mehl zu einem Teig arbeiten.

3 Leicht angewärmte Früchte unter den Teig drücken.

Osterbrot · 12

Für den Hefeteig die Milch anwärmen, Hefe darin auflösen. Mit einem Teil des Mehls zu einem Brei anrühren und das Hefestück ca. 15—20 Minuten abgedeckt warm stellen (siehe auch Schwerer Hefeteig, Seite 8/9).

Butter, Zucker, Salz, das Abgeriebene von 1/4 Zitrone, das Mark von 1/4 Vanilleschote, Ei und Eigelb schaumig rühren.

Das restliche Mehl und das Hefestück zugeben und mit den Knethaken der Küchenmaschine zu einem Teig kneten. Auf der Tischplatte den Teig kräftig durcharbeiten, abdecken und ca. 30 Minuten ruhen lassen. In der Zwischenzeit die Früchte zusammenwiegen, im Ofen etwas anwärmen und nach der Ruhezeit unter den Teig drücken.

Den Teig zu einer runden Kugel formen und auf das Backblech setzen. Wenn die Teigkugel deutlich an Volumen zugenommen hat, mit dem verquirlten Ei bestreichen und mit dem Messer über Kreuz schneiden. Die so entstandenen Spitzen werden auseinander gezogen. In den vorgeheizten Ofen schieben und backen. Noch im heißen Zustand mit heißer Orangenmarmelade überziehen und anschließend mit Zuckerglasur bestreichen (für diese werden Staubzucker und Wasser zu einem Brei angerührt).

Hefeteig:
120 ml Milch
 42 g Hefe
180 g Butter
 40 g Zucker
  5 g Salz
Abrieb von 1/4 Zitrone
Mark von 1/4 Vanilleschote
1 Ei
2 Eigelb
400 g Mehl

Früchte:
100 g Sultaninen
100 g gewürfeltes Zitronat und Orangeat
 50 g gestiftelte Mandeln

Zum Bestreichen:
1 verquirltes Ei

Glasur:
100 g Orangenmarmelade
150 g Puderzucker
 30 ml Wasser

Form:
Backblech, Größe 40 x 37 cm

Backzeit:
Elektro: 180 — 50 Minuten
Gas: 2-3 — 50 Minuten
Umluft: 170 — 45 Minuten

4 Teig zu einer Kugel formen und auf das Backblech setzen.

5 Die an Volumen deutlich zugenommene Teigkugel mit Ei bestreichen, über Kreuz schneiden und etwas auseinanderziehen.

6 Staubzucker mit Wasser anrühren und das bereits mit heißer Orangenmarmelade glasierte Osterbrot bestreichen.

13 · Osterkranz

Hefeteig:
- 400 ml Milch
- 70 g Hefe
- 1000 g Mehl
- 150 g Butter
- 120 g Zucker
- 16 g Salz
- Abrieb von 1/2 Zitrone
- Mark von 1/2 Vanilleschote
- 2 Eier
- 4 Eigelb

Früchte:
- 250 g Sultaninen

Zum Bestreichen:
- 1 verquirltes Ei

Zum Bestreuen:
- 30 g gehobelte oder gestiftelte Mandeln oder
- 20 g groben Zucker

Form:
Backblech (Durchmesser des Kranzes ca. 40 cm)

Backzeit:
- Elektro: 180 — 30 Minuten
- Gas: 2-3 — 30 Minuten
- Umluft: 170 — 25 Minuten

Für den Hefeteig Milch in einer Schüssel anwärmen, Hefe darin auflösen und mit einem Teil des Mehles einen dicken Brei anrühren. Dieses Hefestück ca. 15 Minuten abgedeckt gehen lassen. Butter, Zucker, Salz, abgeriebene Zitrone, Mark einer halben Vanilleschote, Eier und Eigelb mit den Schneebesen der Rührmaschine glattrühren. Diese gerührte Masse in das Hefestück geben und mit dem restlichen Mehl zu einem glatten Teig verarbeiten. Mit einem Tuch abgedeckt 30—60 Minuten gehen lassen.

Auf der Tischplatte die Sultaninen in den Teig drücken. Nicht kneten, um ein Grauwerden durch die Früchte zu vermeiden. Nochmals abgedeckt ca. 10 Minuten stehen lassen.

Den Teig in drei Stücke teilen und Stränge daraus formen. Flechten wie einen Zopf. Jeweils den mittleren Strang nach außen schlagen, einmal nach rechts, einmal nach links.

Auf ein mit Trennpapier belegtes Blech legen, zum Kranz formen, beide Enden gut zusammendrücken und warm stellen. Sobald der Kranz fast das doppelte Volumen erreicht hat, wird er mit einem verquirlten Ei bestrichen. Gehobelte oder gestiftelte Mandeln oder groben Zucker darüberstreuen und backen.

1 Hefe in warmer Milch auflösen und mit einem Teil des Mehles zu einem Brei anrühren und abdecken.

2 Alle Zutaten unter das Hefestück geben, zum Schluß das Mehl, und zu einem Teig kneten.

3 3 gleichmäßige Stränge an der Oberseite zusammendrücken.

4 Jeweils den mittleren Strang einmal nach links, einmal nach rechts schlagen.

5 Zu einem Kranz legen und beide Enden gut zusammendrücken.

Osterkranz · 13

14 · Sächsische Rhabarberschnitte

Mürbteig:
450 g Mehl
150 g Zucker
300 g Butter
1 Prise Salz
Mark von 1/2 Vanilleschote
2 Eigelb

150 g Erdbeermarmelade zum Bestreichen
150 g Löffelbiskuits zum Belegen
2200 g Rhabarber

Masse:
250 g Butter
75 g Marzipan
5 Eier
1/2 Tasse flüssige Sahne
40 g Mehl

Zum Überstreuen:
80 g Zucker
1 gestr. Teelöffel Zimt

Form:
Kuchenblech 40 x 37 cm

Backzeit: Mürbteig
Elektro: 180 — 8 Minuten
Gas: 2-3 — 8 Minuten
Umluft: 170 — 7 Minuten

Backzeit:
Elektro: 180 — 40 Minuten
Gas: 2-3 — 40 Minuten
Umluft: 170 — 35 Minuten

Für den Teig das Mehl abwiegen und einen Kranz bilden. In die Mitte Zucker, Butter, Salz, das Mark einer halben Vanilleschote und die Eigelbe geben. Alle Zutaten zusammen vermengen und zu einem Teig kneten. Eine Stunde kühl stellen.
Den Teig auf Blechgröße ausrollen, auf das Backblech legen und ganz zart backen.
Dünn Erdbeermarmelade auf den Boden streichen und Löffelbiskuits eng über das Blech legen.
Rhabarber schälen, in Stücke schneiden und auflegen. Mit der Küchenmaschine Butter und Marzipanrohmasse schaumig rühren, Eier, Sahne und Mehl zugeben. Diese Masse über dem Rhabarber gleichmäßig verteilen, glattstreichen und in den heißen Backofen schieben.
Nach dem Backen mit Zimtzucker überstreuen.

1 Alle Zutaten vermengen und zu einem Teig kneten.

2 Gebackenen Mürbteigboden mit Erdbeermarmelade bestreichen Löffelbiskuits und Rhabarber auflegen.

3 Butter-Marzipanmasse daraufgeben und gleichmäßig verstreichen.

1 Eier und Mehlmischung abwechselnd in die schaumige Buttermasse geben und langsam glattrühren.

Sandkuchen · 15

Zimmertemperierte Butter, Zucker, mit dem Mark der Vanilleschote, dem Abgeriebenen einer halben Zitrone mit der Küchenmaschine schaumig rühren.

Eier in eine Schüssel schlagen. Mehl, Stärkepuder und Backpulver vermischen. Eier und Mehlmischung abwechselnd in die Buttermasse geben. Auf langsamster Stufe mit der Maschine nur glattrühren. Die gebutterte Sandkuchenform mit Mehl bestäuben und die Masse einfüllen.

Noch vor dem Backen mit einem in Butter getauchten Küchenmesser an der Oberfläche einschneiden. Wird dieser Vorgang mehrmals wiederholt, so entsteht an der Schnittfläche eine kleine Butterschicht, dadurch reißt der Kuchen beim Backen schön gleichmäßig.

Nach dem Abkühlen aus der Form nehmen, die Oberfläche mit heißer Aprikosenmarmelade abpinseln und mit Zuckerglasur überziehen.

Sandmasse:
420 g Butter
420 g Zucker
Mark einer Vanilleschote
Abrieb von 1/2 Zitrone
8 Eier
350 g Mehl
110 g Stärkepuder
2 gestrichene TL Backpulver

Glasur:
100 g Aprikosenmarmelade
250 g Puderzucker
Wasser zum Anrühren

Form:
rechteckige Sandkuchenform, ca. 30 cm lang, 10 cm hoch, 10 cm breit

Backzeit:
Elektro: 180 — 40 Minuten
Gas: 2-3 — 40 Minuten
Umluft: 170 — 35 Minuten

2 Sandmasse in die Form füllen und mit einem gebutterten Messer einschneiden.

3 Mit heißer Aprikosenmarmelade überpinseln.

4 Wasser und Puderzucker mit dem Pinsel verrühren und den Kuchen damit bestreichen.

16 · Rhabarberstrudel

Teig:
250 g Mehl
20 g Butter
Prise Salz
90 ml Wasser
1 EL Öl
1 Ei

Zum Abrösten:
100 g Butter
200 g Zucker
175 g Löffelbiskuits

Zum Überstreichen:
200 ml Sahne, leicht anschlagen
20 g Zucker

1,5 kg Rhabarber

Form:
Backblech, 40 x 37 cm

Backzeit:
Elektro: 180 — 45 Minuten
Gas: 2-3 — 45 Minuten
Umluft: 170 — 40 Minuten

Mehl, Butter, Salz, Wasser, Öl und Ei zu einem glatten Teig auf der Tischplatte oder in einer Schüssel mit den Knethaken der Küchenmaschine arbeiten (vgl. Grundrezept Buttermürbteig, Seite 12). Mit einem Tuch abgedeckt ca. 1 Stunde ruhen lassen.
Rhabarber schälen und in Stücke schneiden.
Butter, Zucker und geriebene Löffelbiskuits in einem Topf erhitzen und unter ständigem Rühren mit einem Kochlöffel ca. 2 Minuten abrösten. Aus dem Topf nehmen und abkühlen lassen.
Strudelteig ausrollen und mit dem Handrücken hauchdünn ziehen auf ein Format von ca. 40 x 30 cm. Auf die Tischplatte legen, die abgekühlten, gerösteten Brösel aufstreuen, zum Schluß den Rhabarber dazugeben. Vorsichtig zusammenrollen und in die gebutterte Form legen. In den vorgeheizten Ofen schieben, 20 Minuten backen. Kurz herausnehmen und mit 1/3 der leicht angeschlagenen Sahne überstreichen.
Diesen Vorgang noch zweimal im Abstand von 10 Minuten wiederholen.

Mit leicht gesüßter, halb geschlagener Sahne servieren.

1 Für die Füllung Butter, Zucker, geriebene Löffelbiskuits auf der Feuerstelle 2 Minuten abrösten.

2 Auf den dünn gezogenen Strudelteig Biskuitbrösel und Rhabarber verteilen.

3 Strudel zusammenrollen und auf das Backblech legen.

4 Während des Backens 3 x mit leicht geschlagener Sahne überpinseln.

17 · Rhabarber-Baiser-Torte

Mürbteig:
300 g Mehl
100 g Zucker
200 g Butter
Prise Salz
Abrieb von 1/4 Zitrone
1 Eigelb

1,5 kg Rhabarber

Zum Bestreichen:
200 g Erdbeermarmelade

Zum Belegen:
150 g ganze Löffelbiskuits

Baisermasse:
7 Eiweiß
400 g Zucker

Form:
Tortenring oder Springform,
⌀ 28—30 cm
Backtrennpapier

Backzeit: für Mürbteig
Elektro: 180 — 8 Minuten
Gas: 2-3 — 8 Minuten
Umluft: 170 — 7 Minuten

Baisermasse:
kurz abflämmen

Für den Mürbteig das Mehl abwiegen und einen Kranz bilden. In die Mitte Zucker, Butter, Salz, das Abgeriebene von 1/4 Zitrone und das Eigelb geben. Alle Zutaten zusammen vermengen und zu einem Teig kneten.
Eine Stunde kühlstellen (vgl. Grundrezept, Seite 12).
Rhabarber schälen und in kleine Stücke schneiden. Wasser ohne Zutaten zum Kochen bringen und den Rhabarber in das sprudelnd kochende Wasser geben. Nur solange kochen lassen (blanchieren), daß er noch ein wenig Biß hat.
3/4 des Mürbteiges rund ausrollen und auf ein mit Trennpapier belegtes Blech legen. Tortenring darum stellen, den restlichen Teig zu einem Strang formen, als Rand an den Tortenring drücken und backen.
Nach dem Auskühlen dünn Erdbeermarmelade aufstreichen und mit Löffelbiskuits belegen. Den ausgekühlten Rhabarber über die Löffelbiskuits geben.
Das Eiweiß mit den Schneebesen der Küchenmaschine aufschlagen; die Hälfte des Zuckers nach und nach zugeben. Den restlichen Zucker zum Schluß mit dem Kochlöffel unterheben.
Ca. 1/4 der Eiweißmenge in einen Spritzbeutel mit großer Sterntülle füllen. Die restliche Masse als Kuppel auf den Kuchen streichen.
Nach Belieben garnieren und mit Staubzucker übersieben.
Im heißen Ofen mit Oberhitze auf oberer Schiene kurz abflämmen.

1 Alle Zutaten zu einem Mürbteig verarbeiten und kühlstellen.

2 Rhabarber in Stücke schneiden und blanchieren.

Rhabarber-Baiser-Torte · 17

3 Auf den gebackenen Mürbteig Erdbeermarmelade streichen und Löffelbiskuits auflegen.

4 Rhabarber darüber verteilen.

5 Das geschlagene Eiweiß kuppelförmig aufstreichen und ausgarnieren.

18 · Erdbeerroulade

Füllung:
350 g Erdbeeren
120 g Zucker
Saft von 1/2 Zitrone
750 ml Sahne
8 Blatt Gelatine

Roulade:
5 Eier
140 g Zucker
Abrieb von 1/3 Zitrone
150 g Mehl
40 g Butter
25 g gehobelte Haselnüsse oder Mandelblättchen

ca. 15 ganze Erdbeeren je nach Größe

Form:
Backblech, Größe 40 x 37 cm
Backtrennpapier

Backzeit:
Elektro: 180 — 12 Minuten
Gas: 2-3 — 12 Minuten
Umluft: 170 — 11 Minuten

Die Erdbeeren grob pürieren, Zucker und Zitronensaft dazugeben.
Eier, Zucker und das Abgeriebene von 1/3 Zitrone im Wasserbad mit dem Schneebesen warm schlagen; mit der Küchenmaschine weiter locker aufschlagen, bis die Masse kalt ist. Mehl darunterheben, zum Schluß die flüssige, lauwarme Butter. Die Biskuitmasse auf ein mit Trennpapier belegtes Blech in der Größe von ca. 38 x 35 cm gleichmäßig aufstreichen, gehobelte Mandeln aufstreuen und im heißen Ofen goldgelb backen.
Nach dem Backen noch im heißen Zustand ein gleichgroßes Trennpapier auf die Roulade legen und diese mit Schwung wenden. Das mitgebackene Papier abziehen. Die Roulade muß sofort gerollt werden, je weicher sie ist, desto besser geht dies.
Sahne schlagen, Gelatine auflösen und unter das Fruchtmark geben. Die Sahne mit einem Schneebesen locker unter das Fruchtmark heben und auf die Roulade streichen. An einer Seite kleine bis mittelgroße ganze Erdbeeren auflegen. Von dieser Seite her aufrollen. Roulade bis ca. zur Mitte des Papiers zurückschieben und das Papier überschlagen. Mit einer Holzschiene oder einem Lineal zur Rolle pressen. Die Roulade in das gesamte Papier einschlagen und ca. 2—3 Stunden kühlstellen

1 Warm geschlagene Eier und Zucker mit der Küchenmaschine kalt und locker aufschlagen.

2 Biskuitmasse auf das mit Trennpapier belegte Blech streichen und Mandeln darüber streuen.

3 Nach dem Backen ein gleichgroßes Papier auf die Roulade legen, mit Schwung drehen und das mitgebackene Papier abziehen.

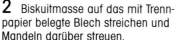

Erdbeerroulade · 18

4 Erdbeersahne auf die Roulade streichen, an einer Seite ganze Erdbeeren aufreihen.

5 Roulade um die Erdbeeren etwas andrücken und von der Erdbeerseite her aufrollen.

6 Roulade auf dem Papier zur Mitte schieben, der Schluß muß unten liegen. Papier darüber schlagen und mit einem Lineal zur Roulade hin straff ziehen.

19 · Muttertagsherz

Brandteig:
150 ml Milch
30 g Butter
Prise Zucker
Prise Salz
90 g Mehl
2 Eier
1 Eigelb

Zum Glasieren:
120 g Johannisbeer- oder Himbeergelee
200 g Puderzucker
etwas Wasser

Füllung:
500 ml geschlagene Sahne
2 Blatt Gelatine
2 kleine Kiwis
ca. 10 mittelgroße Erdbeeren

Form:
Backblech, Backtrennpapier

Backzeit:
Elektro: 180 — 30-35 Minuten
Gas: 2-3 — 30-35 Minuten
Umluft: 170 — 25-30 Minuten

Einen Brandteig herstellen. Dazu Milch, Butter, Zucker und Salz in einem Topf zum Kochen bringen. Das Mehl unter ständigem Rühren mit dem Kochlöffel dazugeben und eine Minute abrösten. In einer Schüssel abkühlen lassen. Nach und nach die Eier einzeln zugeben. Nach jedem Ei wird die Masse mit dem Kochlöffel glattgerührt. Mit einem Spritzbeutel mit Sterntülle Nr. 14 ein Herz auf ein mit Trennpapier belegtes Blech spritzen. In den vorgeheizten Ofen schieben und backen.

Nach dem Auskühlen das Herz vorsichtig waagrecht durchschneiden. Das Oberteil mit heißem Himbeergelee bestreichen. Puderzucker und Wasser zu einem Brei anrühren und über das inzwischen abgetrocknete rote Gelee pinseln.

Sahne schlagen. Die im kalten Wasser eingeweichte Gelatine ausdrücken, auf der Feuerstelle auflösen und unter die Sahne heben.

Kiwis schälen und in Scheiben schneiden, Erdbeeren halbieren. Die Sahne mit einem Spritzbeutel auf den Boden spritzen. Früchte darüber verteilen.

Das Oberteil aufsetzen.

1 Brandteig 1 Minute auf der Feuerstelle abrösten.

2 Nach und nach die Eier zugeben und mit dem Kochlöffel unterrühren.

Muttertagsherz · 19

3 Mit dem Spritzbeutel ein Herz aufspritzen.

4 Waagerecht durchschneiden und das Oberteil mit heißem Johannisbeergelee bestreichen.

5 Geschlagene Sahne auf den Boden spritzen und Früchte auflegen.

20 · Erdbeerkuchen (od. Himbeerkuchen)

Biskuitmasse:
5 Eier
150 g Zucker
Abrieb von 1/2 Zitrone
155 g Mehl
50 g Butter

Zum Ausstreuen für das Kuchenblech:
50 g Löffelbiskuits

Vanillecreme
200 ml Milch
30 g Zucker
2 Eigelb
Mark von 1/2 Vanilleschote
20 g Stärkepuder

Zum Überstreuen
50 g Löffelbiskuits

Zum Auflegen:
ca. 1,5 kg Erdbeeren (oder Himbeeren)
1 Päckchen Tortenguß

Form:
Kuchenblech Größe 40 x 37 cm

Backzeit:
Elektro: 180 — 12 Minuten
Gas: 2-3 — 12 Minuten
Umluft: 170 — 10 Minuten

Eier, Zucker und das Abgeriebene einer halben Zitrone im Wasserbad warm schlagen. Mit den Schneebesen der Küchenmaschine kalt und locker aufschlagen. Das Mehl mit dem Kochlöffel unterheben, zum Schluß die flüssige, warme Butter daruntergeben.
Das Kuchenblech buttern und mit geriebenen Löffelbiskuits dünn ausstreuen. Biskuitmasse auf das Kuchenblech geben und glattstreichen. Ganz zart backen.
Milch, Zucker, Eigelb, das Mark einer halben Vanilleschote und Stärkepuder unter ständigem Rühren zum Kochen bringen und sofort auf den Biskuitboden verteilen. Geriebene Löffelbiskuits darüberstreuen. Dadurch bekommen die Erdbeeren eine gute Bindung zum Biskuit und rutschen nicht vom Kuchen. Erdbeeren oder auch frische Himbeeren auflegen.
Mit Tortenguß abglänzen.

1 Mit dem Kochlöffel das Mehl unter die kalt und locker aufgeschlagene Eiermasse heben.

2 Zum Schluß die lauwarme Butter darunterheben.

3 Biskuitmasse auf das gefettete und mit Löffelbiskuits ausgestreute Backblech streichen.

4 Warme Vanillecreme auf den Biskuitboden streichen. Danach mit Beeren belegen.

21 · Maibombe

1 Mehl, Zimt, Nüsse und Kakaopulver mit dem Kochlöffel unter die aufgeschlagene Eiermasse heben, zum Schluß die lauwarme Butter.

2 Abgezupfte, gewaschene Erdbeeren in eine tiefe Schüssel geben.

3 Warmes Weingelee darübergießen.

Maibombe · 21

Für den *Biskuit* die Eier, Eigelb und Zucker im Wasserbad mit dem Schneebesen warm schlagen, mit dem Rührgerät kalt und locker aufschlagen.
Mehl, Zimt, Kakaopulver und die geriebenen Nüsse vermengen und unter die Eiermasse geben. Zum Schluß die lauwarme Butter dazugeben. In die Kuchenform füllen und backen.

Für den *Mürbteig* Zucker, Butter, Mehl, Eigelb und Salz auf der Tischplatte zu einem Teig verkneten, in der Größe des Biskuitbodens ausrollen und backen.
Erdbeeren abzupfen und waschen, eine tiefe Schüssel mit kaltem Wasser ausspülen und die Erdbeeren in diese schütten.
7 Päckchen Tortenguß mit Maiwein oder einem trockenen Weißwein, dem Zucker und dem Zitronensaft aufkochen. Der Inhalt eines Beutels Tortenguß ist normalerweise für 1/4 l Flüssigkeit ausreichend. Bei diesem Kuchen müssen jedoch für 1 1/4 l Flüssigkeit 7 Päckchen genommen werden, damit die Erdbeeren einen guten Halt bekommen.
Das Gelee etwas abkühlen lassen und die Erdbeeren damit übergießen.
Milch, Zucker, Eigelb, Stärkepuder und das Mark der Vanilleschote unter ständigem Rühren aufkochen und 3/4 der Menge über die Erdbeeren geben und glattstreichen. Nußbiskuitboden auflegen, die restliche Vanillecreme aufstreichen und den Mürbteigboden darübergeben.
2 Stunden kühl stellen und auf einen Tortendeckel stürzen.
Sollte sich die Erdbeerbombe etwas schwierig aus der Form lösen, so diese kurz in warmes Wasser halten.

Biskuit:
2 Eier, 1 Eigelb
75 g Zucker, 80 g Mehl
1 Msp. Zimt, 2 TL Kakaopulver
20 g geriebene Haselnüsse
20 g Butter

Mürbteigboden:
35 g Zucker, 70 g Butter
105 g Mehl, 1 Eigelb
1/2 Prise Salz

Belag:
2 kg Erdbeeren
7 Päckchen Tortenguß
1 1/4 l Maiwein oder Weißwein
10 gestrichene Eßlöffel Zucker
Saft einer Zitrone

Vanillecreme:
200 ml Milch
25 g Zucker, 2 Eigelb
20 g Stärkepuder
Mark von 1/3 Vanilleschote

Form:
Kuchenform, ⌀ 25—30 cm

Backzeit Biskuit:
Elektro: 180 — 12 Minuten
Gas: 2-3 — 12 Minuten
Umluft: 170 — 10 Minuten

Backzeit Mürbteigboden:
Elektro: 180 — 10 Minuten
Gas: 2-3 — 10 Minuten
Umluft: 170 — 9 Minuten

4 Vanillecreme darüberstreichen.

5 Nußbiskuit- und Mürbteigboden auflegen.

Südseecharlotte · 22

Fruchtsaft, Eigelb, Zucker und Stärkepuder in einer Schüssel oder einem Topf auf der Feuerstelle unter leichtem Aufschlagen kurz aufkochen.

Die im kalten Wasser eingeweichte Gelatine ausdrücken und gut darunterrühren. In eine Schüssel umschütten und auskühlen lassen, was nur einige Minuten dauert. Ist die Creme fast abgekühlt, die Schnäpse und den Zitronensaft darunterrühren und die geschlagene Sahne unterheben. Läßt man die Creme zu lange abkühlen, wird diese durch die Gelatine fest und ein Glattrühren ist nicht mehr möglich.

Für die Charlotte kann eine beliebige Form verwendet werden. Wichtig ist, daß sie ein Fassungsvermögen von 1 Liter hat. (Besser vorher prüfen, indem man 1 l Wasser einfüllt.)

Die Hälfte der Masse in die mit kaltem Wasser ausgespülte Form füllen. Löffelbiskuits einlegen, kräftig mit Curaçao überspritzen, die restliche Masse darübergeben und kühlstellen. Nach ca. 3—4 Stunden stürzen und ein paar Kokosraspel aufstreuen. Eine besondere, hochsommerliche Gaumenfreude ist es, wenn die Charlotte 1 Stunde vor dem Servieren in das Gefrierfach gestellt wird, also ganz zart angefroren ist.

Eventuell mit frischen Früchten servieren.

200 ml Ananassaft
2 Eigelb
30 g Zucker
20 g Stärkepuder
7 Blatt Gelatine
6 cl Crème de Coco
6 cl Curaçao blue
2 cl weißer Rum
Saft einer Zitrone
400 ml Sahne, mit
  30 g Zucker aufgeschlagen

70 g Löffelbiskuits

Zum Überstreuen:
20 g Kokosraspel

Beliebige Früchte als Beilage

Form:
beliebig

1 Grundcreme unter leichtem Schlagen kurz aufkochen.

2 Schnäpse unter die ausgekühlte Creme rühren. Dann die Sahne unterheben.

3 In die Form (1 l) füllen und Löffelbiskuits einlegen.

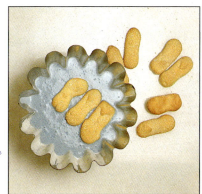

23 · Glasierter Pfirsichkuchen

800 g Pfirsiche (Kirschen, Äpfel)

Sandmasse:
280 g Butter
280 g Zucker
5 Eier
Mark von 1/2 Vanilleschote
Abrieb von 1/2 Zitrone
230 g Mehl
75 g Stärkepuder
1 gestrichener TL Backpulver

Glasur:
4 cl Rum
200 g Puderzucker

Form:
runde Kuchenform,
⌀ ca. 30 cm

Backzeit:
Elektro: 180 — 35 Minuten
Gas: 2-3 — 35 Minuten
Umluft: 170 — 30 Minuten

Schöne reife Pfirsiche in Schnitze schneiden. Zu Beginn der Pfirsichsaison sind diese noch sehr hart. Dann empfiehlt es sich, die Früchte kurz in kochendes Wasser zu legen und die Haut abzuziehen.

Butter und Zucker mit dem Schneebesen glattrühren, Eier, das Mark einer halben Vanilleschote, das Abgeriebene einer halben Zitrone langsam zugeben. Die Masse nur glatt, nicht schaumig rühren.

Das Mehl, Stärkepuder und das Backpulver mit der Küchenmaschine langsam darunterrühren. In die gebutterte Form füllen, glattstreichen und die Pfirsiche auflegen. In den vorgeheizten Backofen schieben und zart backen.

Rum und Puderzucker glattrühren und mit einem Pinsel auf den heißen Kuchen auftragen. Dieser Kuchen kann anstatt mit Pfirsichen auch mit *Kirschen* oder *Äpfeln* hergestellt werden.

1 Pfirsiche in Schnitze schneiden.

2 Mehl, Stärkepuder und Backpulver unter die Buttermasse rühren.

3 Auf die glattgestrichene Sandmasse die Pfirsiche verteilen.

4 Rum und Puderzucker verrühren und auf den heißen Kuchen aufpinseln.

24 · Johannisbeer-Schaumtorte

Nußschokoladen-Mürbteig:
250 g Mehl
 50 g geriebene bittere Schokolade
 50 g grob geriebene Nüsse
Messerspitze Zimt
200 g Butter
100 g Zucker
2 Eigelb

750 g Johannisbeeren

Schaummasse:
8 Eiweiß
500 g Zucker

Zum Bestreuen:
20 g gehobelte, geröstete Mandeln

Zum Übersieben:
Puderzucker

Form:
Springform, ⌀ 30 cm

Backzeit: für Mürbteig
Elektro: 180 — 12 Minuten
Gas: 2-3 — 12 Minuten
Umluft: 170 — 10 Minuten

Baissermasse abflämmen
(= hellbraun werden lassen, siehe Farbtafel)

Zuerst den Nußschokoladenmürbteig herstellen (vgl. Grundrezept Seite 12).
Dazu aus dem Mehl, der feingeriebenen Bitterschokolade, den grob geriebenen Nüssen und dem Zimt auf dem Brett einen Kranz formen. Mit der Butter, dem Zucker und den Eigelben einen Teig kneten und 1 Stunde kühlstellen.
Frische Johannisbeeren, rot, schwarz oder gemischt, abzupfen. Mürbteigboden ausrollen, mit einem kleinen Rand in die Form legen und backen.
Eiweiß zu steifem Schnee schlagen; die Hälfte des Zuckers nach und nach zugeben. Ist das Eiweiß steif, den restlichen Zucker und die Früchte mit einem Kochlöffel unterziehen.
Als Kuppel auf den Mürbteigboden aufstreichen und unregelmäßige Spitzen abziehen. Gehobelte Mandeln überstreuen, mit Staubzucker besieben und im Ofen bei Oberhitze abflämmen.

1 Den fertigen Mürbteig als Boden ausrollen, ausstechen (am besten mit der Springform) und einen Rand darum legen.

2 Eiweiß mit einem Teil des Zuckers zu Schnee schlagen, dann mit einem Kochlöffel den restlichen Zucker und die Beeren darunterheben.

3 Kuppelförmig aufstreichen.

25 · Kirsch-Käsekuchen

Mürbteig:
300 g Mehl
100 g Zucker
200 g Butter
Prise Salz
Mark von 1/4 Vanilleschote
Abrieb von 1/4 Zitrone
1 Eigelb

Quarkmasse:
750 g Speisemagerquark
2 Eier
200 g Zucker
30 g Vanillepuddingpulver
das Mark einer 1/2 Vanilleschote
350 ml Milch
80 g Butter

200 g Kirschen aus dem Glas

Streusel:
50 g Butter
50 g Zucker
1 Msp. Zimt
75 g Mehl

Form:
flache Kuchenform,
⌀ ca. 30 cm

Backzeit:
Elektro: 180 — 40 Minuten
Gas: 2-3 — 40 Minuten
Umluft: 170 — 35 Minuten

Für den Mürbteig das Mehl abwiegen und zu einem Kranz bilden.
In die Mitte Zucker, Butter, Salz, das Mark von 1/4 Vanilleschote, das Abgeriebene von 1/4 Zitrone und das Eigelb geben. Alle Zutaten vermengen und zu einem Teig kneten. Eine Stunde kühlstellen.
Teig ausrollen und eine flache gebutterte Form mit Rand damit auslegen.

Speisemagerquark in einem Küchentuch ausdrücken. Mit Eiern, Zucker, Puddingpulver, dem Mark einer halben Vanilleschote und Milch anrühren. Die flüssige, warme Butter zugeben. Quarkmasse in die Form füllen.
Eingemachte Kirschen, evtl. auch Zwetschgen abtropfen lassen und über den Quark verteilen.
Für die Streusel Butter, Zucker und Zimt mit der Küchenmaschine glattrühren, Mehl zugeben und von Hand zu Streuseln arbeiten (zwischen den Handflächen zu Streuseln »rubbeln«).
Streusel über den Kuchen streuen und in den vorgeheizten Backofen schieben.

Mit frischen, knackigen Kirschen schmeckt der Kuchen am besten.

1 Alle Zutaten vermengen und gut durchkneten.

2 Quarkmasse zusammenwiegen, Milch zugeben und glattrühren. Zum Schluß die flüssige Butter zugeben.

3 Quarkmasse in die mit Mürbteig ausgelegte Form geben.

4 Alle Zutaten zusammen kneten, dann zwischen den Handflächen zu Streuseln reiben.

5 Kirschen und Streusel auf der Quarkmasse verteilen.

26 · Himbeerkuchen

Mürbteig:
100 g Mehl, 35 g Zucker
70 g Butter, Prise Salz
Abrieb von 1/8 Zitrone
1 Eigelb

ca. 100 g Johannisbeer-, Erdbeer- oder Himbeermarmelade

Biskuit:
3 Eier, 1 Eigelb, 105 g Zucker,
110 g Mehl, 35 g Butter

Vanillecreme:
200 ml Milch, 40 g Zucker
2 Eigelb, 20 g Stärkepuder

1,2 kg Himbeeren
1 Päckchen Tortenguß

Zum Aufstreuen:
Semmelbrösel

Form:
Springform, ⌀ 28—30 cm

Backzeit Mürbteig:
Elektro: 180 — 10 Minuten
Gas: 2-3 — 10 Minuten
Umluft: 170 — 9 Minuten

Backzeit Biskuit:
Elektro: 180 — 12 Minuten
Gas: 2-3 — 12 Minuten
Umluft: 170 — 10 Minuten

Für den Mürbteig das Mehl abwiegen und einen Kranz bilden. In die Mitte Zucker, Butter, Salz, das Abgeriebene von 1/8 Zitrone und das Eigelb geben. Alle Zutaten zusammen vermengen und zu einem Teig kneten, etwas kühl stellen. Danach einen Boden ausrollen und diesen backen.

Für die Biskuitmasse Eier, Eigelb und Zucker im Wasserbad warm schlagen, mit den Schneebesen der Küchenmaschine weiterschlagen, bis die Masse kalt ist. Mit dem Kochlöffel das Mehl darunterheben, zum Schluß die aufgelöste Butter. In eine Springform füllen und backen. Auf den Mürbteigboden dünn Marmelade streichen, den ausgekühlten Biskuitboden auflegen, den Tortenring darum stellen.

In einer Schüssel Milch, Zucker, Eigelb und Stärkepuder unter ständigem Rühren auf der Feuerstelle zum Kochen bringen. Diesen Pudding heiß auf den Biskuitboden geben und glattstreichen. Der darumgestellte Ring schützt vor dem Ablaufen. Kurz auskühlen lassen und mit frischen Himbeeren belegen.

Auch im Winter schmeckt ein Himbeerkuchen mit tiefgefrorenen Beeren vorzüglich. In diesem Fall eine dünne Schicht Semmelbrösel auf den Pudding streuen, die Früchte gefroren auf den Kuchen legen und sofort mit heißem Gelee abglänzen.

Das Gelee muß bei gefrorenen Himbeeren etwas dicker sein; deshalb 2 Päckchen Tortenguß verwenden, da sonst die Gefahr besteht, daß der Saft der Früchte abläuft.

1 Mürbteigboden in der Größe der runden Kuchenform oder des Tortenringes ausrollen.

2 Die im Wasserbad warm aufgeschlagenen Eier mit der Küchenmaschine kalt und locker aufschlagen.

3 Biskuitmasse in die Springform füllen und glattstreichen.

4 Früchte auf die Puddingschicht legen und mit Tortenguß abglänzen.

27 · Aprikosen-Rahmkuchen

Geriebener Teig:
250 g Mehl
125 g Butter
60 g Zucker
60 ml Milch
5 g Salz
2 Eigelb

1,2 kg Aprikosen

Zum Aufstreuen:
50 g geriebene Löffelbiskuits oder Semmelbrösel
30 g gestiftelte Mandeln

Sahnesauce:
400 ml Sahne
50 g Zucker
2 Eier
2 Eigelb
20 g Stärkepuder
Abrieb von 1/2 Zitrone

Form:
flache Kuchenform, ⌀ 30 cm

Backzeit:
Elektro: 180 — 35 Minuten
Gas: 2-3 — 35 Minuten
Umluft: 170 — 30 Minuten

Mehl und Butter zwischen den Handflächen zu Streuseln verreiben und auf dem Tisch zu einem Kranz formen.
Zucker, Salz, Eigelb und Milch dazugeben und zu einem glatten Teig verarbeiten. Ca. 20 Minuten abgedeckt ruhen lassen.
Frische Aprikosen waschen und halbieren. Eine flache Kuchenform ausbuttern und mit dem ausgerollten Teig mit Rand auslegen.
Löffelbiskuit- oder Semmelbrösel auf den Boden streuen. Früchte auflegen, Mandelsplitter überstreuen und die Sahnesauce darübergießen. Dazu werden in einer Schüssel Sahne, Zucker, Eier, Eigelb, Stärkepuder und das Abgeriebene einer halben Zitrone glattgerührt.
In den vorgeheizten Ofen schieben und backen.
Dieser Kuchen kann auch mit anderen frischen Früchten hergestellt werden, mit *Kirschen, Pfirsichen, Rhabarber* oder *Zwetschgen*.

1 Die im Mehl verriebene Butter mit den anderen Zutaten zu einem Teig kneten.

2 Teig ausrollen und die Form mit Rand auslegen (der Teig ist sehr dünn).

3 Früchte auflegen und Mandelsplitter darüberstreuen.

4 Sahnesauce darübergießen und backen.

28 · Omas Kirschblech

Hefeteig:
200 ml Milch
30 g Hefe
500 g Mehl
60 g Zucker
8 g Salz
1 Ei
2 Eigelb
50 g Butter
Mark von 1/4 Vanilleschote
Abrieb von 1/4 Zitrone

50 g Löffelbiskuits
2 1/2 kg Kirschen

Streusel:
150 g Butter
150 g Zucker
220 g Mehl
3 Msp. Zimt

Form:
Backblech, 40 x 37 cm

Backzeit:
Elektro: 180 — 30 Minuten
Gas: 2-3 — 30 Minuten
Umluft: 170 — 25 Minuten

Für den Hefeteig in einer Schüssel die Milch etwas anwärmen und die Hefe darin auflösen. Alle restlichen Zutaten in die Schüssel geben. Mit den Knethaken der Küchenmaschine zu einem Teig kneten. Ist dieser schön glatt und schlägt Blasen, mit einem Tuch abdecken und ca. 60 Minuten, je nach Raumtemperatur, ruhen lassen.
Frische helle, knackige Kirschen entsteinen.
Hefeteig ausrollen, auf ein gebuttertes Backblech legen und ca. 1/2 Stunde gehen lassen. Zerdrückte Löffelbiskuits dünn darüberstreuen und die entsteinten Kirschen auflegen.
Für die Streusel Butter und Zucker mit der Küchenmaschine glattrühren. Mehl und Zimt zugeben und zwischen den Handflächen Streusel reiben. Die Streusel gleichmäßig über den mit Kirschen belegten Hefeteig verteilen. In den vorgeheizten Ofen schieben.

1 Alle Zutaten in die Schüssel mit der Milch und der aufgelösten Hefe geben und einen Teig kneten.

2 Löffelbiskuitbrösel auf den Hefeteig streuen und die entsteinten Kirschen darüber verteilen.

3 Butter und Zucker glattrühren. Von Hand mit Mehl und Zimt zu Streuseln arbeiten.

4 Streusel gleichmäßig verteilen.

29 · Fränkisches Kirschenmännle

Kirschenmännle:
10 alte Brötchen
1/2 l Milch
1/2 l Sahne
4 Eier
70 g Zucker
Abrieb von 1/2 Zitrone
1 TL Zimt

1,8 kg frische Kirschen

Zum Überpinseln:
120 g Butter

Zimtzucker:
70 g Zucker
1 TL Zimt

Vanillesauce:
1/4 l Milch
1/4 l Sahne
3 Eigelb
40 g Zucker
10 g Stärkepuder
Mark einer Vanilleschote

Form:
Backblech oder Pfanne, ca. 30 x 15 cm, 5—6 cm hoch

Backzeit:
Elektro: 190 — 40 Minuten
Gas: 2-3 — 40 Minuten
Umluft: 180 — 35 Minuten

Eine hervorragende Spezialität aus Franken:

Einen Tag alte Brötchen in Würfel schneiden.
Milch, Sahne, Eier, Zucker und das Abgeriebene einer halben Zitrone in einer Schüssel mit dem Schneebesen glattrühren.
Frische Kirschen entsteinen. Brötchen, Kirschen und Zimt unter die Eier-Sahnemischung heben und etwas ziehen lassen.
Backblech oder Pfanne kräftig ausbuttern und die Masse einfüllen. In den vorgeheizten Backofen schieben. Nach der halben Backzeit mit flüssiger Butter bepinseln und Zimtzucker darüberstreuen.

Zum Kirschenmännle wird *Vanillesauce* gereicht: Milch, Sahne, Eigelb, Zucker, Stärkepuder und das Mark einer Vanilleschote unter ständigem Rühren im Wasserbad aufschlagen, bis die Masse sämig ist, danach abkühlen lassen.
Am besten schmeckt das Kirschenmännle, wenn es warm mit kalter Vanillesauce serviert wird.

Fränkisches Kirschenmännle · 29

1 1 Tag alte Brötchen würfelig schneiden.

2 Eier-Sahnemasse gut glattrühren, Brötchen, Kirschen und Zimt darunterheben.

3 Nach der halben Backzeit buttern und kräftig mit Zimtzucker überstreuen.

Bayerischer Johannisbeergugelhupf · 30

Milch, Eigelb, Stärkepuder und Zucker in einem Kessel unter ständigem Rühren zum Kochen bringen. Die im kalten Wasser eingeweichte Gelatine ausdrücken und unter die noch heiße Creme rühren.

In der Zeit, bis die Creme leicht abgkühlt ist, die Johannisbeeren abzupfen und waschen.

Sahne schlagen und mit den Johannisbeeren unter die Creme heben.

Diese Masse in eine mit kaltem Wasser ausgespülte Gugelhupfform füllen (Form: Ø 24 cm, Höhe ca. 12 cm). Löffelbiskuits auflegen, bis die Form ganz abgedeckt ist, wobei die Löffelbiskuits ein wenig zugeschnitten werden müssen. 3–4 Stunden im Kühlschrank gut durchkühlen lassen. Zum Stürzen die Form bis zum Rand kurz in heißes Wasser halten. Mit Johannisbeerrispen garnieren und Crème de Cassis darüberträufeln.

Sahnecreme:
400 ml Milch
4 Eigelb
40 g Stärkepuder
40 g Zucker
8 Blatt Gelatine

400 g Johannisbeeren halb rot, halb schwarz
800 ml Sahne

ca. 200 g Löffelbiskuits

2 cl Crème de Cassis

1 Creme abkochen und Gelatine unterrühren.

2 Geschlagene Sahne und Johannisbeeren leicht darunterheben.

3 In die mit Wasser ausgespülte Gugelhupfform einfüllen, danach Löffelbiskuits auflegen.

31 · Aprikosenmandelkuchen

Mürbteig:
300 g Mehl
100 g abgezogene geriebene Mandeln
1 TL Zimt
100 g Zucker
2 Eigelb
200 g Butter
1 Prise Salz

Füllung:
150 g Marzipanrohmasse
 50 g Zucker
2 Eigelb
2 cl Rum

1 kg Aprikosen
50 g Butter zum Abpinseln

Zimtzucker:
30 g Zucker
1 Msp. Zimt

Form:
Springform oder Tortenring,
⌀ ca. 28 cm

Backzeit:
Elektro: 180 — 35 Minuten
Gas: 2-3 — 35 Minuten
Umluft: 170 — 30 Minuten

Für den Mandelmürbteig das Mehl, die geriebenen Mandeln und Zimt abwiegen und einen Kranz davon bilden. Zucker, Eigelb, Butter und Salz zugeben und alles zu einem Teig kneten; ca. 1/2 Stunde kühlstellen.
Dreiviertel des Teiges rund ausrollen und in die gebutterte Form oder auf ein Blech legen und einen Tortenring darum stellen.
Von dem restlichen Teig einen Strang formen und als Rand in die Form drücken.
Marzipan, Zucker, Eigelb und Rum glattarbeiten und auf den Mürbteig streichen. Aprikosenviertel auflegen, in den vorgeheizten Ofen schieben und backen, bis der Boden goldgelb ist.
Noch im heißen Zustand mit der aufgelösten Butter überpinseln und Zimtzucker darüberstreuen.

1 Alle Zutaten für den Teig zusammenkneten.

2 Marzipanfüllmasse zusammenwiegen und glattarbeiten.

3 Marzipanfüllmasse gleichmäßig verteilen.

4 Früchte auflegen.

1 Brandmasse ca. 1 Minute auf der Feuerstelle abrösten.

2 Einzeln die Eier zugeben und unterrühren.

Heidelbeertraum · 32

Milch, Butter, Zucker und Salz zum Kochen bringen. Unter ständigem Rühren das Mehl zugeben und ca. 1 Minute abrösten. Die abgeröstete Masse in eine frische Schüssel geben und auskühlen lassen. Die Eier einzeln mit dem Kochlöffel unter die Masse rühren.

Die Masse auf zwei mit Trennpapier belegte Bleche verteilen und in der Größe eines Tortenringes mit dem Löffel verstreichen. Sie darf etwas ungleichmäßig aufgetragen sein, dadurch entsteht ein rustikales Aussehen. In den vorgeheizten Backofen schieben und goldgelb backen.

Die Heidelbeeren sind sehr unterschiedlich: entweder mehlig oder sehr saftig. Um ein Durchweichen des Kuchens zu vermeiden, sollte man bei saftigen Früchten einen Mürbteigboden darunter setzen. Dazu aus den angegebenen Zutaten einen Teig kneten, in der Größe des Brandteiges ausrollen und backen. Als Verbindung dünn Marmelade auf den Mürbteigboden streichen und einen Brandteigboden auflegen.

Dreiviertel der Heidelbeeren mit dem Zucker vermischen, mit der Gabel etwas andrücken und auf dem Boden verteilen.

Sahne und Eigelb aufschlagen, Zucker und Vanille zugeben. Die im kalten Wasser eingeweichte Gelatine gut ausdrücken und in einer kleinen Schüssel mit dem Rum erhitzen und auflösen. Mit dem Handbesen die Gelatine unter die Sahne rühren und auf den Boden mit dem Spritzbeutel aufspritzen oder mit dem Messer aufstreichen. Die restlichen Heidelbeeren darüber verteilen, den Boden auflegen und 2—3 Stunden kühl stellen.

Für das Einbandbild wurde der obere Boden mit heißer Heidelbeermarmelade bestrichen und mit Zuckerglasur überglänzt. Dafür Staubzucker und Wasser anrühren und mit dem Pinsel auftragen.

Brandmasse:
280 ml Milch, 70 g Butter,
1 Prise Salz, 1 Prise Zucker,
170 g Mehl, 6 Eier

Füllung:
500 g Heidelbeeren mit
150 g Zucker andrücken
100 g Heidelbeeren
zum Verteilen über die Sahne

Sahnefüllung:
650 ml Sahne, 1 Eigelb
Mark von 1/2 Vanilleschote
80 g Zucker, 4 Blatt Gelatine
1 cl Rum

Mürbteigboden:
100 g Mehl, 35 g Zucker
70 g Butter, 1/8 abgeriebene
Zitrone, 1 Eigelb

Zum Bestreichen:
50 g Marmelade

Form:
Springform, ⌀ 28—30 cm

Backzeit Brandteig:
Elektro: 180 — 35 Minuten
Gas: 2-3 — 35 Minuten
Umluft: 170 — 30 Minuten

Backzeit Mürbteig:
Elektro: 180 — 7 Minuten
Gas: 2-3 — 7 Minuten
Umluft: 170 — 6 Minuten

3 Mit einem Löffel die Teigmasse für die beiden Böden verteilen.

4 Mit der Gabel 3/4 der Heidelbeeren mit dem Zucker zerdrücken und auf den Boden aufstreichen.

5 Geschlagene Sahne aufspritzen und die restlichen Heidelbeeren darauf verteilen.

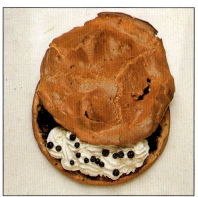

33 · Gugelhupf

Hefeteig:
1/4 l Milch
50 g Hefe
525 g Mehl
150 g Butter
100 g Zucker
10 g Salz
Abrieb von 1/4 Zitrone
Mark von 1/4 Vanilleschote
2 Eier
4 Eigelb

200 g Sultaninen
150 g gehobelte Mandeln

Zum Abpinseln:
100 g Butter

Zum Übersieben:
Puderzucker

Form:
Gugelhupfform, ⌀ ca. 26 cm,
Höhe ca. 13 cm

Backzeit:
Elektro: 180 — 35 Minuten
Gas: 2-3 — 35 Minuten
Umluft: 170 — 32 Minuten

Für den Hefeteig Milch in einer Schüssel anwärmen, Hefe darin auflösen und mit einem Teil des Mehles einen dicken Brei anrühren. Dieses Hefestück ca. 15 Minuten abgedeckt gehen lassen. Butter, Zucker, Salz, abgeriebene Zitronenschale, Mark der Vanilleschote, Eier und Eigelb mit dem Schneebesen der Rührmaschine glattrühren.
Diese glattgerührte Masse zu dem Hefestück geben und mit dem restlichen Mehl zu einem glatten Teig verarbeiten. Mit einem Tuch abgedeckt 60 Minuten ruhen lassen.
Sultaninen und gehobelte Mandeln unter den Teig drücken und zu einem kurzen dicken Strang formen. Gugelhupfform kräftig ausbuttern und den Teig einlegen. Die beiden Enden mit Wasser bestreichen und kräftig zusammendrücken. An einem warmen Ort gehen lassen, bis die Form fast voll ist; in den vorgeheizten Ofen schieben.

Nach dem Backen den Gugelhupf noch in der Form kräftig mit Butter abpinseln.
Auf ein Gitter stürzen und sofort mit Staubzucker übersieben.

1 Hefe in der Milch auflösen und mit etwas Mehl einen dicken Brei anrühren.

2 Alle Zutaten glattrühren und mit dem Mehl und Hefestück zusammen zu einem glatten Teig arbeiten.

Gugelhupf · 33

3 Sultaninen und gehobelte Mandeln unter den Teig drücken.

4 Beide Teigenden mit Wasser bestreichen, gut zusammendrücken und in die Form legen.

5 Nach dem Backen sofort mit flüssiger Butter bepinseln und stürzen.

Brombeertörtchen · 34

Eiweiß in einem fettfreien Kessel mit der Küchenmaschine zu Schnee schlagen. Die Hälfte des Zuckers langsam nach und nach zugeben. Den restlichen Zucker mit einem Kochlöffel unter das Eiweiß heben.

Mit einem Spritzbeutel mit Lochtülle runde Böden, mit der Sterntülle den Rand auf ein mit Trennpapier belegtes Blech spritzen. Bei 80° C in den abgeschalteten Backofen schieben und über Nacht trocknen.

Am nächsten Tag dünn mit Schokoladenglasur bestreichen, um ein zu schnelles Durchweichen zu verhindern.

In einer Schüssel Himbeersirup, Weißwein, Zucker und Stärkepuder aufkochen. Brombeeren unterziehen, nochmals kurz aufwallen lassen und zum Abkühlen beiseite stellen.

Die erkaltete Brombeergrütze in die Torteletts füllen. Als Garnierung in die Mitte einen Tupfen Sahne spritzen, sowie frische Brombeeren um den Rand legen. Außerhalb der Brombeersaison können auch gefrorene Früchte verwendet werden.

Anstelle der Brombeeren eignen sich auch *Himbeeren, Johannisbeeren, Erdbeeren* oder *diese Früchte gemischt.*

Baisermasse:
5 Eiweiß
300 g Zucker

Zum Bestreichen:
ca. 50 g Kuvertüre

Füllung:
100 g Himbeersirup
150 ml Weißwein
 75 g Zucker
 40 g Stärkepuder
750 g Brombeeren

Zum Garnieren
1/4 l Sahne
Brombeeren zum Belegen

Ergibt ca. 8—9 Stück,
⌀ ca. 12 cm

Form:
Backblech, Backtrennpapier

Backzeit:
Über Nacht im erwärmten, dann abgeschalteten Backofen.

1 Eischnee mit dem Spritzbeutel mit Lochtülle als Boden, mit Sterntülle als Rand spritzen.

2 Brombeergrütze kurz aufkochen.

3 Boden der Torteletts mit aufgelöster Schokoladenglasur bestreichen und Brombeergrütze einfüllen.

35 · Pflaumensandkuchen

Sandmasse:
280 g Butter
140 g Zucker
140 g Bienenhonig
Mark von 1/2 Vanilleschote
Abrieb von 1/2 Zitrone
230 g Mehl
  75 g Stärkepuder
1 gestr. TL Backpulver
5 Eier

800 g Pflaumen

Form:
runde Kuchenform,
⌀ ca. 30 cm

Backzeit:
Elektro: 180 — 35 Minuten
Gas: 2-3 — 35 Minuten
Umluft: 170 — 30 Minuten

Zimmerwarme Butter, Zucker und Bienenhonig schaumig rühren, das Mark einer halben Vanilleschote und das Abgeriebene einer halben Zitrone zugeben. Mehl, Stärkepuder und Backpulver vermengen. Eier und Mehlmischung abwechselnd in die Buttermasse rühren. Die Masse in eine ausgebutterte Form geben und glattstreichen.
Große fleischige Pflaumen halbieren und mit der Haut nach unten auf die Sandmasse legen; in den vorgeheizten Backofen schieben. Nach ca. 35 Minuten den Kuchen leicht betasten. Wenn er etwas federt, ist er fertig.

Als Früchte eignen sich auch *Sauerkirschen* und *Johannisbeeren* für diesen Kuchen.

1 Eier und Mehlmischung abwechselnd in die schaumige Butter geben.

2 Sandmasse in der gebutterten Form glattstreichen.

3 Pflaumen halbieren und auf der Sandmasse verteilen.

36 · Zwetschgendatschi

Hefeteig:
200 ml Milch
33 g Hefe
500 g Mehl
60 g Zucker
8 g Salz
2 Eier
1 Eigelb
50 g Butter

Zum Einrollen:
440 g Butter

Zum Aufstreuen:
100 g geriebene Löffelbiskuits

Zwetschgen je nach Stärke des Fruchtbelags 2—3 kg

Zum Überstreuen:
100 g Zucker
1 TL Zimt

Form:
Backblech, ca. 40 x 37 cm

Backzeit:
Elektro: 180 – 2 x 40 Minuten
Gas: 2-3 – 40 Minuten
Umluft: 170 – 35 Minuten

Für den *Hefeteig* die Milch in einer Schüssel etwas anwärmen und die Hefe darin auflösen. Alle restlichen Zutaten in diese Schüssel geben, mit den Knethaken der Rührmaschine zu einem Teig kneten. Ist dieser schön glatt und schlägt Blasen, mit einem Tuch abdecken. 60 Minuten im Kühlschrank ruhen lassen (vgl. Grundrezept »Leichter Hefeteig«, Seite 8/9).

Für den *Hefeblätterteig* den Teig auf ca. 30 x 20 cm Größe ausrollen. Gekühlte Butter in Scheiben schneiden oder ein Stück mit etwas Mehl flachdrücken und auf die Hälfte des Teiges legen. Überschlagen und auf ca. 30 x 20 cm Größe ausrollen. Rechts bis 2/3 des Teiges einschlagen, linkes Teil darüberlegen. Dieser Vorgang wird dreimal wiederholt. Anschließend den Hefeteig kühl stellen und nach ca. 30 Minuten auf Blechgröße ausrollen.

Zwetschgen entkernen und oben etwas einschneiden. Je nach Reife der Früchte mehr oder weniger geriebene Löffelbiskuits, gegebenenfalls Semmelbrösel, aufstreuen.

Den Teig wie gewohnt dick mit Früchten belegen und backen. Mit einem Messer nach der Backzeit den Boden etwas anheben, um zu sehen, ob er eine goldgelbe Farbe hat. Noch heiß mit Zimtzucker überstreuen.

Am Anfang der Saison sind die Früchte in den meisten Fällen noch sehr fest. In diesem Falle vor dem Backen mit Zimtzucker bestreuen.

So entsteht ein Hefeblätterteig für den Zwetschgendatschi:

1 Teig mit ganz wenig Mehl ausrollen, die flachgedrückte Butter auf die Hälfte des Teiges legen und den Teig darüberschlagen.

2 Teig wieder ausrollen, möglichst ohne oder mit ganz wenig Mehl und bis zu 2/3 einschlagen.

3 Die andere Teighälfte darüberlegen. Den Vorgang von Bild 2 und 3 dreimal wiederholen.

Zwetschgenfleck · 37

Die Butter mit dem Mehl zwischen den Händen verreiben. Zucker, Salz und Milch zugeben und zu einem Teig kneten.
Ca. 1 Stunde abgedeckt im Kühlschrank entspannen lassen. Ausrollen und in die gebutterte Kuchenform legen. Dieser Teig ist sehr dünn und der Kuchen vermittelt dadurch ein ganz besonderes Geschmackserlebnis.
Geriebene Löffelbiskuits auf den Teig streuen.
Zwetschgen entsteinen, dreimal einschneiden und ganz dicht, fast senkrecht, auflegen.
Im vorgeheizten Ofen backen, bis der Boden goldgelb ist.

Sind die Zwetschgen sehr reif, empfiehlt es sich, die Backofentüre während des Backens mit einem Kochlöffel etwas offen zu halten. So kann der Dampf entweichen und der Boden wird nicht speckig.
Aus dem Ofen genommen, sofort mit Zimtzucker überstreuen.

Geriebener Teig:
125 g Butter
250 g Mehl
60 g Zucker
Prise Salz
70 ml Milch

Zum Aufstreuen:
100 g geriebene Löffelbiskuits

Zum Überstreuen:
100 g Zucker
1 TL Zimt

Belag:
ca. 1,5—2 kg Zwetschgen

Form:
runde Kuchenform,
∅ ca. 30 cm

Backzeit:
Elektro: 180 — 40 Minuten
Gas: 2-3 — 40 Minuten
Umluft: 170 — 35 Minuten

1 Butter im Mehl verreiben und mit den anderen Zutaten einen Teig kneten.

2 Teig ausrollen und eine flache gebutterte Kuchenform damit auslegen.

3 Zwetschgen sehr dicht auf den mit geriebenen Löffelbiskuits bestreuten Teig legen.

38 · Zwetschgenbuchteln

Buchtelteig:
140 ml Milch
20 g Hefe
340 g Mehl
1 Ei, 1 Eigelb
3 cl Rum
40 g Zucker
1 Prise Salz
Abrieb von 1/4 Zitrone
80 g Butter

10 Zwetschgen

Zimtzucker:
100 g Zucker
1/2 TL Zimt

150 g Butter zum Tauchen und Abpinseln

Puderzucker zum Übersieben

Vanillesauce:
200 ml Milch
200 ml Sahne
3 Eigelb, 30 g Zucker
8 g Stärkepuder
Mark einer 1/2 Vanilleschote

Form:
Backform mit hohem Rand oder Pfanne, ca. 40 x 15 cm

Backzeit:
Elektro: 180 — 30 Minuten
Gas: 2-3 — 30 Minuten
Umluft: 170 — 27 Minuten

Buchtelteig wird wie Hefeteig hergestellt:
In einer Schüssel die Milch etwas anwärmen und die Hefe darin auflösen. Alle restlichen Zutaten in diese Schüssel geben. Mit den Knethaken der Küchenmaschine zu einem Teig kneten. Ist dieser schön glatt und schlägt Blasen, mit einem Tuch abdecken und ca. 60 Minuten (je nach Raumtemperatur) ruhen lassen.
In der Zwischenzeit von reifen Zwetschgen durch einen kleinen Schnitt den Kern entfernen. Durch diese Schnittstelle wird in die Zwetschgen Zimtzucker gefüllt.
Den Hefeteig zu einem Strang formen, 10 Portionen abteilen und die Früchte darin einschlagen. Pfanne oder Form kräftig ausbuttern und mit Zimtzucker bestreuen. Die gefüllten Buchteln werden in flüssige, warme Butter getaucht und in die Form gesetzt. Nach ca. 40—50 Minuten Ruhezeit an einem warmen Ort — der Hefeteig muß 3/4 der Pfannenhöhe oder der Form erreicht haben — in den vorgeheizten Ofen schieben und goldgelb backen.
Wenn die Buchteln aus dem Ofen kommen, sofort mit der restlichen heißen Butter bepinseln und mit Puderzucker übersieben.

Für die *Vanillesauce* werden Milch, Sahne, Eigelb, Zucker, Stärkepuder und das Mark einer halben Vanillesschote in einem Kessel im Wasserbad aufgeschlagen, bis die Masse sämig ist.

1 Zwetschgen halb aufschneiden, entkernen und Zimtzucker einstreuen.

2 Hefeteigportionen abteilen, flach drücken und die Zwetschgen darin einschlagen.

3 Die gefüllten Buchteln in warme Butter tauchen und in die Form oder Pfanne legen.

39 · Winzertorte

Mürbteig:
300 g Mehl
  50 g geriebene Haselnüsse
1 TL Zimt
100 g Zucker
1 Eigelb
200 g Butter

1,4 kg Weintrauben

Weincreme:
400 ml Weißwein
  30 g Zucker
2 Eigelb
Saft einer Zitrone
40 g Stärkepuder
2 Blatt Gelatine
3 Eiweiß
80 g Zucker

1 Päckchen Tortenguß

100 g gehobelte, geröstete Mandeln

Form:
Tortenring oder Springform,
⌀ ca. 28 cm

Backzeit:
Elektro: 180 — 13 Minuten
Gas: 2-3 — 13 Minuten
Umluft: 170 — 11 Minuten

Für den Nußmürbteig das Mehl, die geriebenen Nüsse und Zimt abwiegen und einen Kranz bilden. Zucker, Eigelb und Butter zugeben. Alles zu einem Teig kneten und ca. 1/2 Stunde kühlstellen (vgl. »Buttermürbteig« Seite 12).
Nußmürbteig ausrollen, mit einem Tortenring ausstechen und auf das Backblech legen. Den restlichen Teig zu einem Strang formen, einen flachen Rand damit drücken und den Boden im Ofen goldgelb backen.
Kernlose Weintrauben abzupfen und waschen, große Trauben schälen, bzw. mit einem kleinen Messer die Haut abziehen.
Weißwein, Zucker, Eigelb, Saft der Zitrone und Stärkepuder unter ständigem Rühren zum Kochen bringen. Die eingeweichte, gut ausgedrückte Gelatine dazugeben und gut durchrühren.
Eiweiß und Zucker zu Schnee schlagen und unter die noch heiße Creme heben.
Zum Schluß die Hälfte der Weintrauben dazugeben.
Auf den Mürbteigboden verteilen, glattstreichen und abkühlen lassen.
Die restlichen Früchte auf die Creme legen und mit Tortenguß überziehen.
Den Rand mit gehobelten, gerösteten Mandeln bestreuen.

1 Alle Zutaten zu einem Teig kneten.

2 Teig ausrollen, mit einem Tortenring ausstechen, vom restlichen Teig einen Strang formen und darum legen.

3 Unter die heiße Weincreme das geschlagene Eiweiß heben.

4 Weintrauben unter die Creme rühren und auf den Mürbteigboden verteilen.

40 · Preiselbeerkuchen

Teig:
550 g Butter
100 g Staubzucker
Mark von 1/2 Vanilleschote
Abrieb von 1/2 Zitrone
650 g Mehl
5 Eigelb

Für die Füllung:
500 g Preiselbeermarmelade
450 g frische Preiselbeeren

Zum Bestreichen:
1 verquirltes Ei

Form:
flache Kuchenform mit Rand,
⌀ ca. 28 cm oder Tortenring,
bzw. Springform

Backzeit:
Elektro: 180 — 45 Minuten
Gas: 2-3 — 45 Minuten
Umluft: 170 — 40 Minuten

Butter, Puderzucker, das Mark einer halben Vanilleschote und das Abgeriebene einer halben Zitrone mit der Küchenmaschine glattrühren. Mit dem Mehl und den Eigelben zu einem Teig kneten, 1—2 Stunden im Kühlschrank gut kühlen lassen.
Die Hälfte des Teiges ausrollen und den Boden einer Form damit belegen. Ca. 1/4 des restlichen Teiges zu einer Rolle formen und einen kleinen Rand innerhalb des Tortenringes drücken.
Im Ofen nur kurz anbacken, bis der Boden eine ganz leichte Farbe hat.
Preiselbeermarmelade auf den Boden streichen. Frische Preiselbeeren aufstreuen. Den restlichen Teig ausrollen, ca. 1 cm breite Streifen schneiden und zu einem Gitter legen. Dieses Gitter mit einem verquirlten Ei bestreichen und den Kuchen in den heißen Ofen schieben.

1 Die glattgerührte Butter, Zucker, Zitrone und Vanille mit dem Mehl und den Eigelben zu einem Teig kneten.

2 Auf den angebackenen Kuchen Marmelade streichen und Früchte aufstreuen.

3 Den restlichen Teig ausrollen, Streifen schneiden und auflegen.

41 · Erntedank-Kuchen

Hefeteig:
140 ml Milch
25 g Hefe
350 g Mehl
40 g Zucker
6 g Salz
1 Ei
1 Eigelb
40 g Butter
Mark von 1/4 Vanilleschote
Abrieb von 1/4 Zitrone

Zum Aufstreuen:
50 g Semmelbrösel

Fruchtbelag:
650 g Äpfel
650 g Zwetschgen
40 g gestiftelte Mandeln

Zum Überpinseln:
80 g Butter

Zimtzucker:
60 g Zucker
1 Msp. Zimt

Form:
runde Kuchenform,
⌀ ca. 30 cm

Backzeit:
Elektro: 180 — 35 Minuten
Gas: 2-3 — 35 Minuten
Umluft: 170 — 30 Minuten

Ein einfacher, jedoch sehr saftiger und fruchtiger Kuchen:
Für den Hefeteig in einer Schüssel die Milch etwas anwärmen und die Hefe darin auflösen. Alle restlichen Zutaten in die Schüssel geben. Mit den Knethaken der Rührmaschine zu einem Teig kneten. Ist dieser schön glatt und schlägt Blasen, mit einem Tuch abdecken und ca. 30 Minuten je nach Raumtemperatur ruhen lassen (vgl. Grundrezept für leichten Hefeteig, Seite 8/9).
Danach ausrollen, in die gebutterte Form legen und nochmals ca. 30 Minuten gehen lassen.
Semmelbrösel auf den Teig streuen, Äpfel schälen, entkernen und in Schnitze schneiden, Zwetschgen halbieren. Beide Früchte durcheinander auflegen und gestiftelte Mandeln darüberstreuen. Mit lauwarmer Butter überpinseln und Zimtzucker darüberstreuen.
In den vorgeheizten Ofen schieben, backen, bis der Boden goldgelb ist.

1 Den Boden der Kuchenform mit dem ausgerollten Teig belegen.

2 Äpfel schneiden bzw. Zwetschgen halbieren.

3 Äpfel und Zwetschgen auflegen. Gestiftelte Mandeln darüber verteilen, mit Butter bepinseln und Zimtzucker darüberstreuen.

Erntedank-Kuchen · 41

42 · Herbstkuchen

Hefeteig:
140 ml Milch
 25 g Hefe
350 g Mehl
 40 g Zucker
  6 g Salz
1 Ei
1 Eigelb
40 g Butter
Mark von 1/4 Vanilleschote
Abrieb von 1/4 Zitrone

Fruchtbelag:
1 Birne
1 Quitte
1 Apfel
100 g Preiselbeeren
 50 g Walnüsse
2 Orangen
8 frische Datteln

Zum Überpinseln:
100 g Butter

Zimtzucker:
50 g Zucker
1/2 TL Zimt

Form:
flache Kuchenform, ⌀ 30 cm

Backzeit:
Elektro: 180 — 35 Minuten
Gas: 2-3 — 35 Minuten
Umluft: 170 — 30 Minuten

Die Milch in einer Schüssel etwas anwärmen und die Hefe darin auflösen. Alle restlichen Zutaten in diese Schüssel geben. Mit den Knethaken der Rührmaschine zu einem Teig kneten. Wenn dieser schön glatt ist und Blasen schlägt, mit einem Tuch abdecken, 30 Minuten ruhen lassen.

Teig auf Blechgröße ausrollen, einlegen und nochmals an einem warmen Ort gehen lassen.

Früchte schneiden bzw. filieren und zusammen mit den Nüssen auflegen. Mit der aufgelösten warmen Butter abpinseln und in den vorgeheizten Ofen schieben.

Wenn der Boden goldgelb ist, aus dem Ofen nehmen und mit Zimtzucker überstreuen.

1 Mit dem Knethaken alle Zutaten zu einem glatten Teig verarbeiten.

2 Teig ausrollen und in die Form legen.

3 Früchte auflegen.

43 · Wiener Birnentorte

Sacherboden:
80 g Kuvertüre (Zartbitter)
80 g Butter
30 g Zucker
4 Eigelb
Prise Salz
90 g Mehl
1 gehäufter TL Backpulver
60 g gehobelte Mandeln
7 Eiweiß
50 g Zucker

Zum Bestreichen:
250 g Preiselbeermarmelade

Zum Bestreuen:
30 g Löffelbiskuits

Belag:
9—10 Birnen
1 Päckchen Tortenguß
100 g gehobelte, geröstete Mandeln

Zum Blanchieren der Früchte:
1 Liter Wasser
Saft einer halben Zitrone
80 g Zucker
1 Zimtstange

Form:
Springform oder Tortenring
⌀ 28 cm

Backzeit:
Elektro: 180 — 30 Minuten
Gas: 2-3 — 30 Minuten
Umluft: 170 — 27 Minuten

Kuvertüre fein schneiden und im Wasserbad auflösen. Butter, Zucker, Eigelb und Salz mit der Küchenmaschine schaumig rühren. Mehl, Backpulver und gehobelte Mandeln vermischen. Eiweiß mit dem Zucker zu Schnee schlagen. Die aufgelöste, sehr warme Kuvertüre mit dem Schneebesen in die schaumige Butter rühren, anschließend das Eiweiß und das Mehl unterheben. In die gebutterte und leicht bemehlte Form geben und glattstreichen.
In den vorgeheizten Ofen schieben und backen.
Nach dem Auskühlen den Boden halbieren und mit Preiselbeermarmelade füllen. Oberteil auflegen und nochmals dünn mit Marmelade bestreichen, mit geriebenen Löffelbiskuits bestreuen. Die Birnen auflegen. Mit weißem Geleeguß überziehen und den Rand mit gehobelten, gerösteten Mandeln bestreuen.
Frische Birnen geben dem Kuchen die besondere Geschmacksnote. Dazu die Birnen schälen, halbieren und vom Kernhaus befreien.
Wasser mit dem Saft einer halben Zitrone, Zucker und einer Zimtstange zum Kochen bringen, Zimtstange herausnehmen, die Birnen zugeben und auf kleiner Flamme ziehen lassen: 5—10 Minuten, je nach Größe und Art der Birnen. Um festzustellen, ob sie gar sind, kann man sie ab und zu mit einer Gabel anstechen. Rutschen sie leicht von dieser, sind sie fertig. Aus dem Wasser nehmen, abkühlen lassen und den Kuchen damit belegen.
Es können auch eingekochte oder Dosenbirnen verwendet werden.

1 Kuvertüre fein schneiden und im Wasserbad auflösen.

2 Die aufgelöste, warme Kuvertüre in die schaumige Buttermasse rühren.

Wiener Birnentorte · 43

3 Mehlmischung und geschlagenes Eiweiß unter die mit Kuvertüre gerührte Buttermasse heben.

4 Geschälte Birnen im kochenden Wasser 5–10 Minuten ziehen lassen, bis sie leicht von der Gabel rutschen.

5 Sacherboden waagrecht durchschneiden und mit Preiselbeermarmelade bestreichen.

1 Butter, Zucker und Marzipanrohmasse glattrühren.

Marmorkuchen · 44

Gugelhupfform ausbuttern und mit Mehl bestäuben.
Mit der Küchenmaschine temperierte Butter, Marzipan und Zucker glattrühren. Das Mark einer halben Vanilleschote und das Abgeriebene einer halben Zitrone zugeben. Mehl und Backpulver mischen. Milch in einer Schüssel leicht anwärmen und die Eier dazuschlagen. Abwechselnd Eier mit Milch und Mehlmischung in die Buttermasse geben, glatt, aber nicht schaumig rühren.
Kakaopulver mit etwas Wasser zu einem dünnen Brei anrühren und unter 1/3 der Masse geben. Mit einem Löffel abwechselnd helle und dunkle Teigmasse in der Form verteilen.
Nach dem Backen und Auskühlen mit Staubzucker besieben oder mit Schokoladenglasur übergießen.

Marmormasse:
170 g Butter
 40 g Marzipanrohmasse
250 g Zucker
Mark von 1/2 Vanilleschote
Abrieb von 1/2 Zitrone
330 g Mehl
2 gehäufte TL Backpulver
170 ml Milch
3 Eier
1 Eigelb

Dunkle Marmormasse:
20 g Kakaopulver
Wasser zum Anrühren

Puderzucker oder Schokoladenglasur

Form:
Gugelhupfform

Backzeit:
Elektro: 180 — 55 Minuten
Gas: 2-3 — 55 Minuten
Umluft: 170 — 50 Minuten

2 Eier und Milch abwechselnd mit der Mehlmischung unterrühren.

3 1/3 der Marmorkuchenmasse unter das mit Wasser angerührte Kakaopulver rühren.

4 Schokoladenglasur im Wasserbad auflösen und den Kuchen damit übergießen und abpinseln.

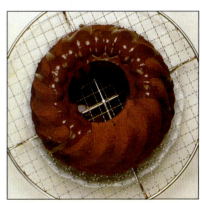

45 · Schwäbischer Apfelkuchen

Mürbteig:
300 g Mehl
100 g Zucker
200 g Butter
Prise Salz
Mark von 1/4 Vanilleschote
Abrieb von 1/4 Zitrone
1 Eigelb

Belag:
1250 g Äpfel
100 g Löffelbiskuits
100 g Butter zum Bepinseln
40 g Sultaninen

Sauce:
2 Eier
2 Eigelb
400 ml Sahne
40 g Zucker
30 g Stärkepuder
Abrieb von 1/2 Zitrone

1 Päckchen Tortenguß
1 cl Calvados

Form:
Springform, ⌀ 30 cm,
7 cm hoher Rand

Backzeit:
Elektro: 180 — 50 Minuten
Gas: 2-3 — 50 Minuten
Umluft: 170 — 45 Minuten

Für den Mürbteig das Mehl abwiegen und einen Kranz bilden. In die Mitte Zucker, Butter, Salz, das Mark von 1/4 Vanilleschote, das Abgeriebene von 1/4 Zitrone und das Eigelb geben. Alle Zutaten vermengen und zu einem Teig kneten. Eine Stunde kühlstellen (vgl. Buttermürbteig, Seite 12).

Nicht zu große Äpfel schälen, halbieren, vom Kernhaus befreien und oben mit parallel verlaufenden Schnitten ca. 1/2 cm tief einschneiden.

Boden und Rand einer hohen Kuchenform mit Mürbteig auslegen. Auf den Boden des Kuchens dicht Löffelbiskuits legen. Die halben Äpfel auflegen und mit heißer Butter überpinseln, Sultaninen darüberstreuen.

In einer Schüssel Eier, Eigelb, flüssige Sahne, Zucker, Stärkepuder und das Abgeriebene einer halben Zitrone glattrühren. Mit einer Schöpfkelle die Masse über die Äpfel verteilen.

Den Kuchen in den vorgeheizten Backofen schieben.

Nach dem Backen mit durchsichtigem Tortenguß abglänzen, welchem ein wenig Calvados zugesetzt wird.

Der Kuchen muß völlig ausgekühlt sein, bevor er aus der Form genommen wird.

1 Alle Zutaten für den Mürbteig abwiegen und zu einem Teig kneten.

2 Form mit Mürbteig auslegen und Löffelbiskuits dicht darauflegen.

Schwäbischer Apfelkuchen · 45

3 Die oben eingeschnittenen Äpfel auflegen und mit heißer Butter überpinseln.

4 Sahnesauce gut verrühren.

5 Sultaninen über die Äpfel streuen und Sauce darübergießen.

46 · Butterstreusel

Hefeteig:
180 ml Milch
25 g Hefe
450 g Mehl
55 g Zucker
7 g Salz
1 Ei
1 Eigelb
45 g Butter
Mark von 1/4 Vanilleschote
Abrieb von 1/4 Zitrone

Streusel:
200 g Butter
200 g Zucker
1 Msp. Zimt
1 Prise Salz
300 g Mehl

etwas Milch zum Bestreichen

Zum Überpinseln:
200 g Butter

Zum Überstreuen:
50 g Zucker, 2 Msp. Zimt

Form:
runde Kuchenform,
Ø ca. 30 cm

Backzeit:
Elektro: 180 — 25 Minuten
Gas: 2-3 — 25 Minuten
Umluft: 170 — 20 Minuten

Für den Hefeteig in einer Schüssel die Milch etwas anwärmen und die Hefe darin auflösen. Alle restlichen Zutaten in die Schüssel geben. Mit den Knethaken der Rührmaschine zu einem Teig kneten, mit einem Tuch abdecken und 60 Minuten ruhen lassen.
Butter, Zucker, Zimt und Salz glattrühren. Mit dem Mehl auf dem Backbrett (oder der Tischplatte) von Hand zu Streuseln zerreiben. Optisch schöner werden diese, wenn die angegebenen Zutaten zu einem Teig geknetet und gleichmäßig durch ein grobes Sieb gedrückt werden.
Teig rund ausrollen und in die Form legen. Mit Milch bestreichen und die Streusel aufstreuen. Ca. 1/2 Stund an einem warmen Ort gehen lassen und in den vorgeheizten Backofen schieben.
Wenn der Boden eine goldgelbe Farbe hat, den Kuchen aus dem Ofen nehmen und mit heißer Butter abtupfen.
Sofort mit kräftigem Zimtzucker überstreuen.

1 Die Hefe ist in der Milch aufgelöst. Alle Zutaten dazugeben und zu einem glatten Teig arbeiten.

2 Glattgerührte Butter, Zucker, Zimt und Salz mit dem Mehl zu Streuseln verarbeiten.

Butterstreusel · 46

3 Hefeteig ausrollen und in die gebutterte Form legen.

4 Hefeteig mit Milch bestreichen und Streusel aufstreuen.

5 Nach dem Backen mit heißer Butter bepinseln und mit Zimtzucker überstreuen.

47 · Dattelkuchen

1 Die Walnüsse unter den Teig kneten.

2 Teig rund ausrollen in der Größe eines Tortenringes.

3 Den Walnußmürbteig mit Milch bestreichen und halbierte frische Datteln auflegen.

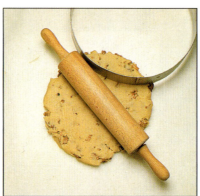

Dattelkuchen · 47

Für den Mürbteig das Mehl abwiegen und zu einem Kranz bilden.

In die Mitte Zucker, Butter, Salz, das Mark von 1/4 Vanilleschote, das Abgeriebene von 1/4 Zitrone und das Eigelb geben. Alle Zutaten vermengen und zu einem Teig kneten (vgl. Buttermürbteig, Seite 12). Zum Schluß die Walnüsse darunterarbeiten. Etwa 1 Stunde kühlstellen.

Einen Boden vom gesamten Teig ausrollen. Diesen dünn mit Milch bestreichen. Frische Datteln halbieren, entkernen und den Boden damit wie einen Obstkuchen belegen.

In den vorgeheizten Backofen schieben und backen, bis der Boden goldgelb ist.

Nach dem Abkühlen mit weißem Tortenguß überglänzen.

Bei verschiedenen Dattelsorten ist die Haut sehr fest. In diesem Falle die Datteln schälen.

Mürbteig:
300 g Mehl
100 g Zucker
200 g Butter
1 Prise Salz
Mark von 1/4 Vanilleschote
Abrieb von 1/4 Zitrone
1 Eigelb

130 g Walnüsse

Zum Belegen:
700 g Datteln
1 Päckchen Tortenguß

Form:
runde Kuchenform, ⌀ 30 cm

Backzeit:
Elektro: 180 — 25 Minuten
Gas: 2-3 — 25 Minuten
Umluft: 170 — 20 Minuten

Obstsalatkuchen · 48

Für den Mürbteig das Mehl abwiegen und einen Kranz bilden. In die Mitte Zucker, Butter, Salz, das Mark von 1/4 Vanilleschote, das Abgeriebene von 1/4 Zitrone und das Ei geben. Alle Zutaten vermengen und zu einem Teig kneten. 1 Stunde kühlstellen.
Eine flache Kuchenform buttern, den Mürbteig darin auslegen und backen.
Milch, Zucker, Eigelb, Stärkepuder, das Mark einer halben Vanilleschote in einem Topf unter ständigem Rühren zum Kochen bringen. Die heiße Vanillecreme auf den gebackenen Mürbteig geben und glattstreichen. Geriebene Löffelbiskuits aufstreuen.
Frische Früchte, je nach Saison, schneiden, filieren oder schälen und auflegen. Weißen Tortenguß darüber geben.
Es ist etwas schwierig diesen Kuchen, da er sehr zart ist, aus der Form zu nehmen. Es empfiehlt sich daher, eine flache Form zu verwenden, in der er auch serviert wird.
Ein solcher Kuchen schmeckt zu jeder Jahreszeit. In den Wintermonaten bieten sich folgende frische Früchte an: Äpfel, Orangen, Ananas, Datteln, Trauben und Walnüsse.
In den Sommermonaten: Aprikosen, Birnen, Erdbeeren, Kirschen, Johannisbeeren, Brombeeren usw.

Mürbteig:
300 g Mehl
100 g Zucker
200 g Butter
Prise Salz
Mark von 1/4 Vanilleschote
Abrieb von 1/4 Zitrone
1 Ei

Vanillecreme:
1 l Milch
80 g Zucker
2 Eigelb
70 g Stärkepuder
Mark von 1/2 Vanilleschote

Zum Bestreuen:
30 g geriebene Löffelbiskuits

Belag:
Früchte der Saison

1 Päckchen Tortenguß

Form:
flache Kuchenform,
⌀ ca. 30 cm

Backzeit:
Elektro: 180 — 12 Minuten
Gas: 2-3 — 12 Minuten
Umluft: 170 — 10 Minuten

1 Alle Zutaten zu einem Teig verarbeiten.

2 Die heiße Vanillecreme auf den gebackenen Mürbteigboden mit Rand geben und verstreichen.

3 Frische Früchte je nach Saison auflegen und mit weißem Tortenguß abglänzen.

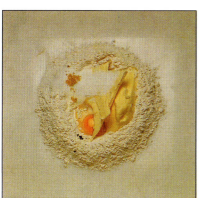

49 · Christstollen

400 g Sultaninen
 50 g gestiftelte Mandeln
 75 g gewürfeltes Zitronat u.
 Orangeat
100 ml Rum

Hefeteig:
160 ml Milch
 50 g Hefe
600 g Mehl
200 g Butter
 75 g Zucker
 10 g Salz
Abrieb von 1 Zitrone
Mark von 1 Vanilleschote
1 Ei

Zum Bestreichen:
150 g Butter

Puderzucker oder
Zucker nach Wahl

Form:
Backblech oder
Stollen(Brot-)form

Backzeit:
Elektro: 180 — 55 Minuten
Gas: 2-3 — 55 Minuten
Umluft: 170 — 45-50 Minuten

Sultaninen, gestiftelte Mandeln, gewürfeltes Zitronat und Orangeat in einer Schüssel mit Rum übergießen, gut verschlossen über Nacht ziehen lassen.
Vorteig/Hefestück: Die Milch anwärmen, Hefe darin auflösen, mit einem Teil des Mehls einen dicken Brei anrühren. Abgedeckt warm stellen.
Butter, Zucker, Salz, das Abgeriebene einer Zitrone, das Mark einer Vanilleschote und das Ei schaumig rühren.
Das restliche Mehl und das Hefestück zugeben und mit den Knethaken der Rührmaschine zu einem Teig kneten. Nun den Teig kräftig durcharbeiten, man sagt auch abschlagen. Dies geschieht am besten auf der Tischplatte. Ist der Teig richtig glatt und geschmeidig, abgedeckt ca. 60 Minuten ruhen lassen.
Danach die Früchte darunterdrücken. Nach einer nochmaligen Ruhepause von ca. 40 Minuten einen Stollen formen oder den Teig in eine Form drücken.
Nun darf der Stollen nur noch ganz schwach gehen.
In den vorgeheizten Backofen schieben und backen.
Noch im heißen Zustand mit der aufgelösten warmen Butter bepinseln und zuckern.

Der Stollen sollte nur kurze Zeit kühl und trocken gelagert werden, damit die Butter nicht ranzig wird.

1 Vorteig (Hefestück) aus Milch, Hefe und einem Teil des Mehls.

2 Glattgerührte Butter-Zucker-Eiermischung unter das Hefestück geben.

Christstollen · 49

3 Früchte unter den glatten und ausgeruhten Teig drücken.

4 Teig in eine Stollenform drücken oder von Hand mittels einer Holzrolle formen.

5 Fertig geformter Stollen. Teig zuerst von unten nach oben legen, dann das dickere Teigstück darüberschlagen.

50 · Nürnberger Gewürzkuchen

Gewürzmasse:
100 g Sultaninen
5 cl Rum

330 g Mehl
20 g Backpulver
20 g Kakaopulver
40 g Lebkuchengewürz

180 g Butter
250 g Zucker
3 Eier
1 Eigelb
Mark von 1/2 Vanilleschote
170 ml Milch

Zum Ausstreuen:
Löffelbiskuits

Backform:
Gugelhupfform

Backzeit:
Elektro: 180 — 50 Minuten
Gas: 2-3 — 50 Minuten
Umluft: 170 — 45 Minuten

Sultaninen mit Rum übergießen und abgedeckt über Nacht im Kühlschrank stehen lassen.
Mehl, Backpulver, Kakaopulver und Lebkuchengewürz abwiegen und mit den abgetropften Sultaninen zusammen vermischen.
Mit den Rührbesen der Küchenmaschine zimmerwarme Butter und Zucker schaumig rühren. Eier, Eigelb, Vanille und Milch nach und nach langsam zugeben. Mit dem Kochlöffel die Mehlmischung unter die Buttermasse heben. Nur kurz glattrühren und in die gebutterte, mit Löffelbiskuitbröseln ausgestreute Gugelhupfform geben.
In den vorgeheizten Ofen schieben und backen.
Nach dem Erkalten kann der Gewürzkuchen mit Puderzucker besiebt oder mit Schokolade überzogen werden.

1 Sultaninen mit Rum übergießen und abgedeckt über Nacht ziehen lassen.

2 Butter und Zucker schaumig rühren, Eier, Eigelb und Vanille zugeben.

3 Mehlmischung mit dem Kochlöffel unter die Buttermasse rühren.

4 Masse in die gebutterte und mit Löffelbiskuitbröseln ausgestreute Form füllen.

1 Hefe ist aufgelöst.
Mit allen Zutaten zu einem glatten Teig arbeiten und abgedeckt ruhen lassen.

Gutsherrn Apfelkuchen · 51

Für den Hefeteig in einer Schüssel die Milch etwas anwärmen und die Hefe darin auflösen. Alle Zutaten in die Schüssel geben. Mit den Knethaken der Rührmaschine zu einem Teig kneten und 60 Minuten ruhen lassen.

In der Zwischenzeit Äpfel schälen, entkernen und Schnitze schneiden. Etwas säuerliche Backäpfel eignen sich am besten.

Den Teig rund ausrollen, die gebutterte Form ohne Rand auslegen und nochmals ca. 20 Minuten gehen lassen. Apfelschnitze auflegen und mit heißer Butter abpinseln. Zimtzucker darüber streuen und zum Backen in den Ofen schieben.

In einer Schüssel Zucker, Butter, Bienenhonig und Milch kurz aufkochen und die gehobelten Mandeln darunterheben. Nach ca. 30 Minuten Backzeit den Kuchen kurz aus dem Ofen nehmen und mit einem Löffel die heiße Florentinermasse auf den heißen Kuchen verteilen. In den Ofen schieben und fertig backen, bis die Florentinermasse goldgelb ist.

Hefeteig:
140 ml Milch
25 g Hefe
350 g Mehl
40 g Zucker
6 g Salz
1 Ei
1 Eigelb
40 g Butter
Mark von 1/4 Vanilleschote
Abrieb von 1/4 Zitrone

1,7 kg Äpfel

Zum Abpinseln:
50 g Butter

Zimtzucker:
30 g Zucker
1 Msp. Zimt

Florentinermasse:
50 g Zucker
50 g Butter
30 g Bienenhonig
20 ml Milch
60 g gehobelte Mandeln

Form:
runde Kuchenform,
⌀ ca. 30 cm

Backzeit:
Elektro: 180 — 40 Minuten
Gas: 2-3 — 40 Minuten
Umluft: 170 — 35 Minuten

2 Apfelschnitze nach Belieben auflegen.

3 Zutaten für die Florentinermasse aufkochen und die Mandeln darunterheben.

4 Nach ca. 30 Minuten Backzeit die heiße Florentinermasse auf dem Kuchen verteilen und fertigbacken.

Butterkuchen · 52

Für den Hefeteig in einer Schüssel die Milch etwas anwärmen und die Hefe darin auflösen. Alle restlichen Zutaten in die Schüssel geben. Mit dem Knethaken der Rührmaschine zu einem Teig kneten, bis er Blasen schlägt. Mit einem Tuch abdecken und 60—70 Minuten je nach Raumtemperatur ruhen lassen (siehe Grundrezept für leichten Hefeteig, Seite 8/9).
Ausrollen, den Boden der gebutterten Form damit auslegen und nochmals 20 Minuten gehen lassen.
In der Zwischenzeit Sahne und Milch zusammen aufschlagen und den gut gegangenen Hefeteig damit bestreichen.
Butter und Staubzucker mit der Küchenmaschine schaumig rühren und mit einem Kaffeelöffel darüber verteilen. Gehobelte Mandeln aufstreuen und als letztes Zimtzucker darübergeben.
Im vorgeheizten Ofen backen, bis der Boden und die Oberfläche goldgelb sind.
Eine runde Form (siehe Bilder 1 bis 3) oder ein Kuchenblech (siehe nebenstehende Farbtafel) eignen sich gleichermaßen.

Hefeteig:
140 ml Milch
25 g Hefe
350 g Mehl
40 g Zucker
6 g Salz
1 Ei
1 Eigelb
40 g Butter
Mark von 1/4 Vanilleschote
Abrieb von 1/4 Zitrone

Belag:
150 ml Sahne
50 ml Milch

125 g Butter
20 g Staubzucker

Zum Aufstreuen:
50 g gehobelte Mandeln

Zimtzucker:
50 g Zucker
1 Msp. Zimt

Form:
runde Form, ⌀ ca. 30 cm oder
Kuchenblech, 28 x 28 cm

Backzeit:
Elektro: 180 — 25 Minuten
Gas: 2-3 — 25 Minuten
Umluft: 170 — 20 Minuten

1 Sahne und Milch aufschlagen und auf dem fertig ausgerollten Hefeteig verteilen.

2 Butter und Zucker sind schaumig gerührt und werden mit dem Löffel verteilt.

3 Zuerst die gehobelten Mandeln, danach den Zimtzucker aufstreuen.

Rezepte von A bis Z

Ananas-Sahnetorte 28 (Teil 1)
Ananassteckerl 26 (Teil 2)
Apfelkuchen, gedeckter 34 (Teil 2)
Apfelkuchen, Gutsherrn 114 (Teil 2)
Apfelkuchen, schwäbischer 102 (Teil 2)
Apfel-Rum-Sahnetorte 54 (Teil 1)
Aprikosenmandelkuchen 74 (Teil 2)
Aprikosen-Rahmkuchen 66 (Teil 2)

Baisermasse (Grundrezept) 10 (Teil 1)
Bananen-Schokoladentorte 74 (Teil 1)
Bienenstich 22 (Teil 2)
Birnentorte, Wiener 98 (Teil 2)
Biskuit (Grundrezept) 8 (Teil 1)
Biskuitmasse (Grundrezept) 11 (Teil 2)
Brombeertörtchen 80 (Teil 2)
Buttercreme (Grundrezept) 12 (Teil 1)
Butterkuchen 116 (Teil 2)
Buttermürbeteig (Grundrezept) 12 (Teil 2)
Butterstreusel 104 (Teil 2)

Campagner-Sahnetorte 20 (Teil 1)
Christstollen 110 (Teil 2)
Cointreautorte 82 (Teil 1)

Dattelkuchen 106 (Teil 2)

Eistorte »Grand Marnier« 50 (Teil 1)
Erdbeerkuchen 52 (Teil 2)
Erdbeerroulade 48 (Teil 2)
Erntedank-Kuchen 94 (Teil 2)

Florentiner Kirschkuchen 32 (Teil 2)
Florentiner Torte 52 (Teil 1)
Fürst Pückler-Eistorte 48 (Teil 1)

Gemüsegarten 89 (Teil 1)
Gewürzkuchen, Nürnberger 112 (Teil 2)
Grundrezepte Kuchen 8 ff. (Teil 2)
Grundrezepte Torten 8 ff. (Teil 1)
Gugelhupf 78 (Teil 2)

Hefeteig (Grundrezept) 8 (Teil 2)
Hefezopf 20 (Teil 2)
Heidelbeertraum 76 (Teil 2)

Herbst-Blätter-Sahnetorte 62 (Teil 1)
Herbstkuchen 96 (Teil 2)
Herztorte 86 (Teil 1)
Himbeer-Joghurt-Sahnetorte 46 (Teil 1
Himbeerkuchen (s. Erdbeerkuchen) (Teil 2)
Himbeerkuchen 64 (Teil 2)
Hochzeitstorte 92 (Teil 1)

Ingwerkuchen 24 (Teil 2)

Johannisbeergugelhupf, bayerischer 72 (Teil 2)
Johannisbeer-Schaumtorte 60 (Teil 2)

Kirschblech, Omas 68 (Teil 2)
Kirsch-Käsekuchen 62 (Teil 2)
Kirschenmännle, fränkisches 70 (Teil 2)
Kuchen 14 ff. (Teil 2)
Kuvertüre (Grundrezept) 14 (Teil 1)

Linzertorte 16 (Teil 2)
Löffelbiskuit (Grundrezept) 9 (Teil 1)

Maibombe 54 (Teil 2)
Mango-Käse-Sahnetorte 34 (Teil 1)
Marmorkuchen 100 (Teil 2)
Marzipanrosen (Grundrezept) 16 (Teil 1)
Mohnkranz, schlesischer 28 (Teil 2)
Mohn-Sahnetorte, Wachauer 46 (Teil 1)
Mokka-Sahnetorte 32 (Teil 1)
Mousse au Chocolat-Torte mit Erdbeeren 30 (Teil 1)
Muttertagsherz 50 (Teil 2)

Nougattorte 68 (Teil 1)
Nußtorte, böhmische 66 (Teil 1)

Obst-Charlotten-Torte 24 (Teil 1)
Obstsalatkuchen 108 (Teil 2)
Orangenkranz, beschwipster 14 (Teil 2)
Orangentraum 70 (Teil 1)
Osterbrot 36 (Teil 2)
Osterkranz 38 (Teil 2)

Pralinentorte 72 (Teil 1)
Preiselbeerkuchen 92 (Teil 2)
Preiselbeer-Sahnetorte 58 (Teil 1)
Pfirsich-Cognac-Sahnetorte 38 (Teil 1)
Pfirsichkuchen, glasierter 58 (Teil 2)
Pflaumensandkuchen 82 (Teil 2)
Punschtorte 26 (Teil 1)

Quarkschnitte 18 (Teil 2)

Rhabarber-Baiser-Torte 46 (Teil 2)
Rhabarberschnitte, sächsische 40 (Teil 2)
Rhabarberstrudel 44 (Teil 2)
Rum-Schokoladentorte 76 (Teil 1)

Sacher- und Sandmasse (Grundrezept) 9 (Teil 1)
Sahne (Grundrezept) 11 (Teil 1)
Sachertorte 22 (Teil 1)
Sandkuchen 42 (Teil 2)
Sandmasse (Grundrezept) 10 (Teil 2)
Schokoladen-Mousse (Grundrezept) 13 (Teil 1)
Schokoladen-Sahnetorte mit Birnen 56 (Teil 1)
Schwarzwälder Kirschtorte 40 (Teil 1)
Silvester-Torte 84 (Teil 1)
Sommerbeeren-Torte 44 (Teil 1)
Südseecharlotte 56 (Teil 2)

Torten 20 ff. (Teil 1)
Tränkflüssigkeit (Grundrezept) 11 (Teil 1)
Tutti-Frutti 36 (Teil 1)

Walnuß-Sahnetorte 62 (Teil 1)
Weincremetorte, fränkische 60 (Teil 1)
Whiskytorte 80 (Teil 1)
Williamstorte 78 (Teil 1)
Winzertorte 90 (Teil 2)

Zwetschgenbuchteln 88 (Teil 2)
Zwetschgendatschi 84 (Teil 2)
Zwetschgenfleck 86 (Teil 2)